Ich · Ich · Ich

Die Spinne im Netz
Das Entsprechungsgesetz und das Gesetz der Projektion

Ich · Ich · Ich

Die Spinne im Netz

Das Entsprechungsgesetz
und das Gesetz der Projektion

Gabriele, Würzburg

Christus, der Schlüssel
zum Tor des Lebens
Leben im Geiste Gottes
Universelles Leben

1. Auflage 1995

Herausgeber:

im Universellen Leben
Max-Braun-Straße 2
97828 Marktheidenfeld

Buchreihe Universelles Leben

Druck: Druckerei Joh. Walch GmbH, Augsburg

ISBN 3-89201-006-4

Inhalt:

Das Ego eines Menschen
kann nur so lange auf seine Mitmenschen
Einfluß nehmen,
bis diese ihrem eigenen menschlichen Ego
keinen Tribut mehr leisten
und ihr Bewußtsein mehr und mehr
zu Gott erheben.
Am raschesten verläßt das Niedere
den Menschen,
wenn er sich in jeder Situation
Gott anvertraut.

Zum Geleit

In meinem Herzen ist ein großes Weh um all meine Brüder und Schwestern, die sich christlich nennen, dem großen Geist, dem Christus Gottes, jedoch nicht die Ehre erweisen durch die Erfüllung Seiner Lehre, die Er uns Menschen als Jesus von Nazareth gab.

Seit mehr als 20 Jahren durfte und darf ich erleben, wie nahe uns Gott ist. Seine allmächtige Liebe, Weisheit und Größe war in Jesus verkörpert, im Menschen Jesus uns Menschen nahe, hörbar, erfahrbar – mit Seinem Leben der Garant für die Wahrheit, die Er kündete und lehrte.

Jesus von Nazareth, ein Mann aus dem Stamme David, brachte uns die Erlösung und den Weg ins Vaterhaus. Jesus – ein Menschenname, um den Menschen in der Welt auszuweisen, die »Person«. Sie barg in sich das Unpersönliche, das Namenlose, das göttliche Wesen, den Mitregenten der Himmel, die Teilkraft aus der Urkraft, allgegenwärtig in den Schöpfungskräften des Universums – den Gottessohn.

Der ewige Geist der Liebe, Weisheit und Größe nahm sichtbar Gestalt an in einem Menschensohn aus dem kleinen Städtchen Nazareth, der Bruder Seiner Menschenbrüder und -schwestern. Seine Eltern waren Maria, eine einfache und schlichte Frau, und Josef, der

Zimmermann. Bei ihm lernte der verkörperte große Geist der Liebe und Weisheit, der Christus Gottes in Jesus, das Handwerk eines Zimmermanns. Würden uns Menschen diese Zusammenhänge – Maria, die schlichte Frau, Josef, der Zimmermann aus Nazareth, und sein Sohn, der Zimmermann Jesus – in der Tiefe bewußt, so könnten wir ganz allmählich begreifen, was uns Gott, unser ewiger Vater, durch Seinen Sohn Jesus, den Zimmermann, sagen wollte.

Seit mehr als 20 Jahren offenbart sich der große Geist, der Christus Gottes, durch mich. Ich trage einen irdischen Namen. Doch in meinem Herzen bin ich namenlos, einzig eine Schwester unter Brüdern und Schwestern. In diesem Bewußtsein bin, lebe und diene ich. In über 20 Jahren als Werkzeug Gottes durfte und darf ich immer wieder aufs neue erfahren, was der Ewige uns Menschen durch Seinen Sohn, den Zimmermann, sagen wollte und heute erneut sagen will:

Du brauchst nicht Theologie zu studieren, um Gott zu erfahren. Gott kann man nicht studieren. Er läßt sich auch nicht im Theologiestudium finden, sondern ausschließlich im namenlosen Herzen derer, die nicht nach Rang, Namen, Titel und Mittel streben, sondern einzig ihr Herz öffnen für den großen Geist, der die Liebe, Weisheit und Größe ist.

Christus, einst der Zimmermann Jesus, der ein schlichtes Leben führte, Seinen Menschengeschwistern gleichgestellt, der betete und arbeitete und der der Sprache und Schrift der »Klugen« Seiner Zeit nicht mächtig war, ist unter keinem Doktorhut zu finden. Er ist nicht ein Glied der Amtskette, in welcher die »Würdigen« dieser Welt ihren Platz haben. Wir finden Ihn auch nicht im kunstvoll verzierten Kreuz, mit Edelsteinen besetzt, welches der Papst, die Kardinäle und Bischöfe über ihren kostbaren Roben tragen. Er ist weder mit dem Gehabe der Kaiser- und Königsfamilien noch mit dem der Rangobersten des Staates, auch dann nicht, wenn sie dem Papst den Ring küssen. Er ist nicht mit den berauschenden Gelagen der Reichen und nicht mit den ausschweifenden Bier- und Weingelagen des Mittelstandes. Er ist auch nicht das Wort derer, die großmundig über Christus reden und die Bibel als die einzige Kompetenz für die Wahrheit anpreisen, aber danach selbst nicht leben.

Der große Geist, der Christus Gottes, ist die namenlose Kraft der Liebe, Weisheit und Größe – namenlos, auch wenn wir dieser Kraft den Namen Christus gegeben haben –, die bewußt in den Herzen jener wirksam ist, die sich vor Ihm, dem großen Geist, beugen und jeden Tag mehr Seinen Willen erfüllen. Sie fragen nicht, ob sie dazu würdig sein müssen – sie wissen: Wer glaubt, daß er »würdig« sei, Seinen Heiligen Namen zu studieren und zu vertreten, der ist kein Hochwürdiger, sondern hochgradig vermessen. Der »Hochwürdige« will den Menschen den großen Geist, einst im Zimmermann Jesus, nahebringen, hat aber selbst sein Herz noch nicht zurechtgezimmert, auf daß der einzig »Würdige« in seinem Herzen wirken kann.

Der große, namenlose Geist – wir nennen Ihn Christus – war in Jesus, dem Zimmermann. Er, der Zimmermann, mußte für die ganze Menschheit das Kreuz tragen. Er mußte – weil es die Menschen, denen nicht an der Erfüllung des göttlichen Willens gelegen war, so wollten. Es war kein kunstvolles Kreuz, mit Edelsteinen besetzt, sondern ein grobes Holzkreuz, das die Schande ausdrückte, denn wer an dieses geschlagen wurde, war ein Verbrecher, ein Schandfleck für die Gesellschaft und für die vielen Zuschauer, die sich an dem schauderhaften Geschehen ergötzten und es so für richtig hielten.

Wer sich des Geschehens der Kreuzigung des Jesus von Nazareth bewußt wird, der erahnt allmählich, was der Christus in Jesus für alle Seelen und Menschen getan hat. Jesus hatte keine Sünde begangen, und Er blieb im Gesetz, Gott, in der Liebe, Weisheit und Größe, während Seiner Folterung und Kreuzigung. Jesus ließ sich töten. Er lehnte sich nicht dagegen auf, obwohl Sein Vater, der auch unser

Vater ist, Legionen von Engeln hätte senden können, um Seinen Sohn vor dieser Schmach und vor diesen Schmerzen zu bewahren. Gott, der Ewige, tat es nicht. Der verkörperte hohe Geist in Jesus war Mensch und somit der Menschensohn, was besagt: Er war allen Menschen gleichgestellt.

Wie Gott bei Seinem Sohn nicht eingriff, obwohl dieser unschuldig gekreuzigt wurde, so greift Er auch nicht in unser Leben ein, in unser Sündhaftes. Durch Seine Hingabe an den ewigen Vater und an uns Menschen, indem Er die große Liebe des ewigen Vaters verkörperte, brachte uns Christus in Jesus die Erlösung; darin liegt gleichsam die Aussage: ICH liebe den Ewigen von ganzem Herzen, mit all Meinen Kräften, mit Meiner ganzen Seele und Meine Brüder und Schwestern wie Mich selbst. Ich gebe Mich hin, auf daß sie Lämmer werden, die einzig dem Gottes-Lamm, dem großen Hirten, dem Christus Gottes, nachfolgen, der allein den Weg in das Vaterhaus kennt und der mit Seiner Kraft in ihren Herzen selbst der Weg, die Wahrheit und das Leben ist.

Während ich das Wort zum Geleit dieses Buches schreibe, wird mein Herz immer schwerer, denn ich fühle, was unser Erlöser, Christus, für alle Seelen und Menschen getan hat und was Er wollte. Er, der Sohn des Ewigen, zugleich allen Menschen Bruder, opferte sich, damit aufgrund Seiner Erlösertat wir Menschen die Kraft erlangen – Seine namenlose Kraft der Liebe, Barmherzigkeit und Güte –, um aus dem Gefängnis unseres Egos, aus dem Netzwerk unserer Verstrickungen, herauszufinden.

Was haben die Christen in den 2000 Jahren getan? Sie haben sich von Blindenführern mit kunstvollen Kreuzen auf der Brust verführen lassen, weg von der schlichten Lehre des Jesus, des Zimmermanns von Nazareth, hin zu einer Kunstreligion, ähnlich den prunkvollen Kreuzen, doch leer und kalt.

Meine Brüder und Schwestern in aller Welt, ein namenloser Mensch, den viele einzig zur Ansprache Gabriele nennen, ruft euch, Christus, dem großen Geist der Liebe und Weisheit, unserem Erlöser, die Ehre zu erweisen. Prüft selbst: Bringt die Theologie mit ihren Dogmen euch das Wasser des Lebens, nach dem ihr dürstet? Sättigt sie euch mit dem Brot des Lebens, so daß eure Tage friedvoll sind und fruchtbar in euren Werken? Gibt sie euch die rechte Wegweisung und das Vorbild zu einem sinnerfüllten Leben, dankbar aus Gott und in Gott, das nach dem Leibestod in Gott mündet?

Brüder und Schwestern, ich rufe euch, gleichsam eine rufende Schwester in der Wüste

Welt: Öffnet Eure Herzen für Christus, der als Jesus so war wie Du und ich, einfach und schlicht. Er hatte ein Herz von Gold. Er liebte und liebt uns. Brüder und Schwestern, vergoldet Eure Herzen nicht mit dem Schein, christlich zu sein. Vergoldet es nicht mit Dogmen und Zeremonien, nicht mit theologischen Phrasen, wie Gott sein müsse. Erlebt Christus in euch! Er läßt sich in uns finden.

Danken wir für die Zehn Gebote und die Bergpredigt, indem wir sie schrittweise erfüllen, dann wächst die Gottes- und Nächstenliebe, und wir werden untereinander bewußt Brüder und Schwestern, so wie es Christus will. Danken wir Christus, daß Er uns als Zimmermann aufzeigte, daß wir ausschließlich ein gefülltes Herz brauchen, den Schatz des Inneren, um aus unseren Verstrickungen, dem Netzwerk, herauszufinden, in das wir uns eingesponnen haben gleich der Spinne, die auf ihr Opfer wartet, um es zu verzehren.

Christus ist gegenwärtig in uns. Lassen wir es zuerst bei uns selbst nicht mehr zu, daß wir Ihn immer wieder ans Kreuz schlagen, also Ihn opfern durch unsere Sünden. Gehen wir zu Christus in uns, dann öffnet sich der innere Tabernakel, und wir finden zu unserem Ursprung, der Gott in uns ist und wir in Ihm sind. Dann heben wir den Schatz der Gottes- und Nächstenliebe, und wir sind bewußt Brüder und Schwestern, über alle Grenzen hinweg. Dann ist Christus in uns auferstanden.

Wer Christus in sich auferstehen läßt, der ist Bruder, der ist Schwester; er braucht nicht die »Würden« – er würdigt einzig Den, der aller Ehre würdig ist. In Seiner Erlösertat hat Christus einen jeden von uns erwählt. Erwählen wir Ihn als die Mitte in unserem Leben, dann werden wir Ihn ehren, Ihn loben und preisen, Ihn lieben und das tun, worum Er uns als Jesus von Nazareth bat: Folget Mir nach.

Eine Namenlose, die nur den Namen Gabriele trägt, um sich in dieser Welt auszuweisen, eine Jesus- gleich Christus-Nachfolgerin, bittet ihre Brüder und Schwestern: Folgen wir Ihm nach – und es wird Friede sein.

Friede

Gabriele

Vorwort

Das irdische Dasein im Kausalgesetz ist bizarr und vielfach gefahrvoll für die Seele und den Menschen. Aus diesem Labyrinth, dem Netzwerk von Ursache und Wirkung, findet mancher nur schwer heraus.

Menschen auf dem Weg zur Wahrheit erkennen immer wieder, daß allein die Erkenntnis geistiger Zusammenhänge, die den Schlüssel zur Lösung enthalten, nicht immer ausreicht, um durch das Dickicht des menschlichen Egos zu stoßen oder gar den ganzen Dschungel zu roden. Es bedarf immer wieder der Besinnung und der Anwendung des geistigen Wissens, um alle Ecken allzu menschlicher Verpolungen zu durchleuchten, um dort Licht hineinzubringen und Ordnung zu schaffen.

Daher ist es gut, dieselben und ähnliche Gegebenheiten immer wieder aus einem anderen geistigen Blickwinkel zu durchleuchten und zu betrachten. Denn unser irdisches Dasein besteht aus unserer Welt der verflochtenen Programme, aus dem Kommunikationsnetz von Irrtum, Täuschung und Bindung, in das jeder von uns mannigfach verwoben ist. Heute verhilft uns der eine Aspekt zur Erkenntnis, morgen ein anderer. Zum Beispiel wird uns heute eventuell blitzartig einiges klar, wenn wir über »Charakter«, »Besserwisser« oder »Plasma« lesen, morgen schlägt unser Gewissen bei den

Ausführungen über die Wirkung von Gedankenvagabunden an, und Prozesse der Erkenntnis kommen in Bewegung, die uns die Möglichkeit geben, so manches Belastende abzulegen.

Im Universellen Leben bringt uns der sich offenbarende Geist Gottes mit unendlicher Geduld immer wieder die Gesetzmäßigkeiten der Gottes- und Nächstenliebe nahe, damit wir von der Enge und Gebundenheit, von dem, was uns bedrückt und knechtet, frei werden.

Auch die Darlegungen unserer Schwester Gabriele nehmen wir dankbar an als Erkenntnisstunden aus der göttlichen Weisheit, die uns helfen, uns unserer Situation im Gesetz von Ursache und Wirkung bewußt zu werden, um den Weg heraus zu finden, der, für jeden individuell, über Christus geht.

Dieses Buch möge jedoch nicht nur Anleitung, sondern auch Warnung sein.

Unsere Schwester Gabriele, die Prophetin des Ewigen, hat das 60. Lebensjahr überschritten. Ein Prophet ist Gottes Instrument. Er hat die Schau in die Himmel, aber auch in die jenseitigen Welten, die Reinigungsbereiche oder Astralwelten genannt werden, und in die Welt der Stofflichkeit. Jeder Prophet weiß, daß sein Leben in Gottes Hand liegt, und weiß, daß er eines Tages von Gott zurück in die Ewigkeit gerufen wird. Bevor dieser Tag kommt, der in Gottes Hand liegt, berichtet unsere Schwester, was sich in der Welt und im Unsichtbaren vollzieht.

Seit über zwanzig Jahren schaut unsere Schwester Gabriele in die Höhen göttlichen Seins, aber auch in die tiefsten Tiefen des Falls und in die Abgründe menschlicher Niedrigkeit. Sie sieht, wo ein Mensch steht, wie er sich dem Leben, Gott, gegenüber verhält. Sie sieht, was auf ihn zukommt, und erkennt auch die verschiedenen Einflußnahmen auf die Mitmenschen. Sie erlebt auch aus den Ausstrahlungen ihrer Mitmenschen, deren Licht- und Schattenseiten. Sie erkennt, ob ihre Nächsten beeinflußt oder frei von Beeinflussungen sind; sie erkennt vielfach, wer diese infiltriert, und weiß, wie sich das Prinzip »Senden und Empfangen« im Leben für den einzelnen auswirkt.

Im kleinsten Kreis hat unsere Schwester zuweilen über diese Vorgänge gesprochen und ihre Sorgen, ihre innersten Schmerzen um so manchen ihrer Nächsten offenbart. Nach über zwanzig Jahren schildert sie in diesem Buch detailliert und teilweise erschreckend anschaulich, was im Gesetz von Saat und Ernte – im Finsteren, im Unsichtbaren also – vor sich geht, wo es aufgrund der aktiven Entsprechungen von Menschen und Seelen und aufgrund ihres negativen Sendens und Empfangens immer noch heißt: »Trenne, binde, herrsche«. Gabriele lüftet teilweise den Schleier, der vor unseren Augen verbirgt, was im Unsichtbaren auf der Erde und in den Seelenreichen geschieht, auf daß wir Menschen erkennen, wie die negativen Kräfte wirken, daß sie ohne Rücksicht auf den freien Willen Menschen beeinflussen. Gabriele erkennt, wie Einspritzungen vorgenommen werden. Sie darf es nach dem Gesetz des freien Willens dem einzelnen nicht sagen. Doch nun berichtet sie allgemein, was sie seit mehr als zwei Jahrzehnten gesehen und an ihren Nächsten erlebt hat.

Gabrieles Seele lebt in Gott. Um uns, ihren Brüdern und Schwestern, beizustehen, aus weiteren Facetten das Labyrinth des Egos zu erkennen, führt sie uns in diesem Buch durch ihre aufklärenden Worte noch einmal tief hinein in das Meer von Saat und Ernte, um uns die Untiefen wie die Abgründe aufzuzeigen, das, was dort wirbelt und quirlt und Mensch und Seele in den Abgrund ziehen möchte. Sie tut dies aus dem Wunsch heraus, daß noch viele Menschen zur Besinnung kommen, daß sie zur Selbsterkenntnis gelangen und allmählich Abstand nehmen von dem Treiben der dunklen Mächte, welche die Menschen als Generator benutzen, um mit dieser Energie da und dort weiter einwirken, verführen und vom Licht in die Finsternis ziehen zu können.

Unsere Schwester Gabriele weiß, daß Gott, unser Vater, in Christus, unserem Bruder und Erlöser, einem jeden von uns nahe ist, daß Er ganz konkret erfahrbar ist, wenn wir uns an Ihn wenden, Ihm vertrauen und auf Ihn bauen. Gabriele hofft und wünscht, daß sie durch dieses Buch uns Menschen Christus, unseren Erlöser, näherbringen kann, der auf ständiger Warteposition ist, um zu helfen und zu dienen.

Jeder von uns hat den freien Willen zur freien Entscheidung für oder gegen Christus. Entscheiden wir uns für Christus durch die schrittweise Erfüllung der Zehn Gebote Gottes und der Bergpredigt Jesu, dann kommt Er uns sofort mehrere Schritte entgegen und hilft uns, herauszukommen aus unserem selbstgesponnenen Netzwerk von Ursache und Wirkung, aus dem Gesetz der Entsprechung und dem Gesetz der Projektion.

Urchristen
im Universellen Leben

Würzburg, im August 1995

Durch Projektion der Entsprechung Beeinflussung und Manipulation des Nächsten

Das Gesetz der Entsprechung entspricht der Person, die es durch ihre sündhafte Denk-, Rede- und Handlungsweise sich selbst eingegeben hat. Mit seinem Fühlen, Denken, Reden und Handeln programmierte und programmiert jeder einzelne sein Ober- und Unterbewußtsein und auch seine Seele. Daraus ergibt sich die menschliche Persönlichkeit, die aus den irdischen Lebensprogrammen und Lebensabläufen, den Wahrnehmungsprogrammen für das irdische Dasein, besteht, und den Programmen der Sünde, die wiederum der Person entsprechen.

Mit den Wahrnehmungsprogrammen, welche die Abläufe des täglichen Lebens bestimmen, und unseren Entsprechungen, den Sünden, lebt, wirkt und arbeitet jeder einzelne. Die Wahrnehmungs- und die Entsprechungsprogramme bilden, als Ganzes gesehen, den derzeitigen Bewußtseinsstand der Person. Dazu gehört auch der wieder erschlossene Teil des Bewußtseins, der schon freie Teil der Seele.

Das Entsprechungsgesetz des einen ist nicht das Entsprechungsgesetz des anderen. Jeder fühlt, denkt, spricht und handelt gemäß seinem spezifischen Wahrnehmungs- und Entsprechungsgesetz, gemäß seinem Bewußtseinsstand. Damit arbeitet er, und damit wirkt er vielfach auch auf den anderen ein, um seine Entsprechung, seine Meinung, in diesen hineinzuprojizieren. Die Projektionen der Entsprechungen des einen in den anderen erfolgen vielfach mit List und Tücke oder mit gezieltem Druck, um zu erreichen, daß der andere die Entsprechung des einen – seine Meinung – annimmt.

Suggeriert der eine dem anderen erfolgreich seine Meinung, indem er sie in ihn hineinprojiziert, dann kann er denjenigen, dem er einen Teil seiner Entsprechung aufoktroyiert hat, bestimmen; denn durch die gelungene Programmierung wurde ein Kanal für die Beeinflussung geschaffen. Der eine, der den anderen durch geschickte Suggestion beeinflußt – gleich programmiert – hat, ist sodann hinsichtlich seines Belastungspotentials ein Teil des anderen geworden.

Auf diese Weise wird das Gesetz der Entsprechung zum Projektionsgesetz – was dem einen entsprach, das entspricht durch Suggestion nun auch teilweise dem anderen. Persönlich formuliert: Was mir entsprach, das entspricht durch erfolgte Suggestion nun auch dir. Die Programmierung, gleich Manipulation, ist dann gelungen. Aus meiner Entsprechung wurde die Projektion. Ich habe dem Nächsten meine Denkweise, meine Vorstellung eingegeben. Infolgedessen ist mein Charakter – und somit auch ein Teil meines Schicksals – mit dem des Nächsten verquickt, denn dieser Vorgang ging als Eingabe auch in die Speicherplaneten der Fallkosmen ein.

Jeder Mensch ist ein umfangreicher Speicher, der durch seine persönlichen, menschlichen – also irdischen und sündhaften – Eingaben mit dem Kausalspeicher des materiellen Kosmos und dem Speicher der Reinigungsebenen verbunden ist. Doch wir sind und bleiben auch als Mensch das Kind Gottes. Das Herz jeder Seele im Menschen ist der unbelastbare Wesenskern, Gott, der Seele und Mensch mit dem ewigen Sein, dem ewigen Gesetz, verbindet.

Über den Wesenskern, Gott, steht alles Reine mit dem Reinen in Kommunikation. Das Unreine jedes einzelnen, sein Sündhaftes, kommuniziert wiederum mit seinem Sündhaften, das in seiner Seele und im Kausalnetz der Verquickungen gespeichert ist. Aufgrund des Prinzips »Gleiches zieht Gleiches an« kommuniziert das Reine mit dem Reinen und das Unreine mit dem Unreinen.

Das Mischpult der Programme. Der Computer Mensch verschleiert seine wahren Absichten

Der Mensch kann mit einem Computer verglichen werden. Ein Computer kann bekanntlich nur das ausdrucken, was ihm eingegeben, also eingespeichert wurde. Ähnlich verhält es sich bei dem Computer Mensch. Der Mensch kann nur das von sich geben, was er sich selbst eingegeben hat, was also in ihm gespeichert ist. Beim technischen Computer spricht man nicht von Entsprechungen, weil dieser die eingegebenen Daten unbeeinflußt ausdruckt, außer es ist ein sogenannter Virus im Computersystem, durch den Fehlinformationen entstehen oder sogar Programme aufgezehrt werden können.

Der Computer Mensch, der sich selbst programmiert hat, verfügt im Vergleich zum technischen Computer über mehr Möglichkeiten der Ausdrucksweise. Er ist in der Lage, Teile seiner Programme zu mischen. Daher kann das Computersystem Mensch kann mit einem Mischpult verglichen werden; die gemixten Programme, Werkzeuge menschlicher Darstellungskunst und der Kunst der Verschleierung und Täuschung, bestehen vielfach aus schöngefärbten Worten und Handlungen.

Daraus ergibt sich: Der Computer Mensch kann zwar wie der technische Computer nur das weitergeben, was er gespeichert hat; darüber hinaus ist er jedoch noch in der Lage, aus Teilen seiner Programme eine Mixtur zu bereiten, indem er Dinge und Sachverhalte nicht wahrheitsgemäß, sondern verschönt und verfärbt darbringt. Zusätzlich ist er in der Lage, seine Entsprechungen in seine Mitmenschen hineinzuprojizieren, um diese zu manipulieren, also für seine Zwecke zu mißbrauchen.

Der einzelne kann also seine Entsprechungen, seine Emotionen wie Wut, Haß, Neid sowie seine Meinungen, Vorstellungen und Absichten gefärbt und verbrämt – das heißt: listenreich und gezielt abgewandelt –, dem Nächsten schmackhaft machen, so daß dieser dessen Mixtur aufnimmt, sich so von ihm programmieren und somit beeinflussen und manipulieren läßt.

Ein Beispiel für eine solche Mixtur:

Ein Angestellter neidet seinem Kollegen den Aufstieg in eine höhere Position, die mit einer entsprechenden Gehaltserhöhung verbunden ist. Die Mixtur, die sich aus seiner Entsprechung, dem Neid, entwickelt, kann sich wie folgt formulieren: »Dieser Streber machte Überstunden ohne Verrechnung; er buckelte und dienerte vor dem Vorgesetzten so lange, bis dieser auf ihn, den scheinbar tüchtigen Mitarbeiter, aufmerksam wurde. Doch ich«, so denkt der vor Neid erblaßte Kollege, »werde dafür sorgen, daß es ihm an dem neuen Arbeitsplatz nicht lange gut geht. Jeden Fehler werde ich aufdecken und seine Schwächen offenlegen.«

So denkt der Neiderfüllte – seine Mixtur klingt jedoch anders. Zu dem ehemaligen Kollegen spricht er honigsüß: »Du verdienst diesen Aufstieg, denn du hast dich um die Firma verdient gemacht. Solltest du irgendwann Hilfe benötigen oder anderweitig Sorgen haben, so kannst du dich ungeniert an mich wenden. Ich finde bestimmt immer Zeit, um dir behilflich zu sein. Für deinen neuen Arbeitsplatz wünsche ich dir alles Gute und freundliche, hilfsbereite Mitarbeiter.«

Woher nimmt der von Neid erfaßte Kollege die Worte, die sein Gedankenprogramm, seine Entsprechungen, nicht nur färben, sondern die seinen Neid sogar mit Gunstbeteuerungen und einem Hilfsangebot verbrämen, die seine Entsprechung, die Neidgefühle, gleichsam mit einem Schokoladeüberzug verschönen? Die Aspekte zur Verschönerung seines Neides, also den Schokoladeüberzug, nimmt er aus Teilen seiner Programmwelt – z.B. aus seiner Wunschwelt –, denn die Zweizüngigkeit kann in all ihren Aspekten, in all ihren Varianten und Äußerungsformen, nur wieder aus dem Computer Mensch kommen.

Wie entstand das Mischpult der Programme? Das reine Geistwesen, aus dem der Mensch hervorging, kennt keine Täuschung, keine Zweizüngigkeit. Das Wesen der Himmel i s t . Was es ist, das Gesetz, Gott, das strahlt es aus, das »äußert« es, das wirkt es, und darin bewegt es sich. Das Geistwesen ist die Wahrheit und ist in der Wahrheit. Es ist wahrhaftig; seine Tat ist gleich seinem Wort, sein Wort ist gleich seinem göttlichen Empfinden.

Das Reine äußert sich also unmittelbar und unverfälscht. Die Doppelbödigkeit, welche die Täuschung – die Zweizüngigkeit – hervorbringt, entstand durch den Fall. Das erste Fallwesen wollte seine vom Göttlichen abweichenden Empfindungen verbergen; in der Folge entstanden die Gedanken. Wir können den Fallgedanken also den ersten ungöttlichen Gedanken nennen. Wir erkennen: Der Fall war nicht nur der Abfall von Gott, sondern auch der Fall aus dem In-sich-eins-Sein. Eine Art Gespaltenheit trat ein. Die Fallwesen bauten den »doppelten Boden«, die »zweite Zunge«, nämlich ihre Gedankenwelt, auf, die anders lautete, als ihre Empfindungen und Gefühle es auswiesen. Als die gesprochenen Worte, die menschliche Sprache, hinzukamen, war gleichsam der »dritte Boden«, die »dritte Zunge« da.

Wir können also sagen: Das Mischpult der Programme entstand, weil der Mensch anders denkt, als er empfindet und fühlt, und anders spricht, als er denkt und fühlt, aber auch anders handelt, als er spricht, denkt, empfindet und fühlt. Aus dem bunten Repertoire seiner Gefühle, Empfindungen, Gedanken, Worte und Handlungen ergeben sich unzählige Variationsmöglichkeiten. Je nach seinen augenblicklichen Absichten stellt der Mensch die entsprechende Kombination für seine Aussagen oder Handlungsweisen zusammen.

Zurück zu unserem Beispiel:

Nimmt nun der in eine höhere Position Aufgestiegene die Schmeicheleien seines ehemaligen Arbeitskollegen als ehrliche Äußerung an und macht von dem Gebrauch, was ihm angeboten wurde, wendet er sich also immer wieder mit Fragen und Sorgen an seinen früheren Kollegen, dann ist es diesem gelungen, seine Entsprechungen in ihn hineinzuprojizieren. Der Höhergestellte, der einige Sprossen der Leiter zum Erfolg genommen hat, der die Mixtur »geschluckt« hat und der Teile von Entsprechungen des ehemaligen Kollegen – dessen Ehrgeiz, Erfolgsstreben und Neid – in sich trägt, wird also sofort an diesen denken, wenn er mit einer Arbeit nicht zurechtkommt oder wenn er anderweitig Sorgen hat. Er berichtet dem scheinbar Vertrauten, der ihn in Wirklichkeit nur ausspionieren will, seine Schwierigkeiten und Probleme, in dem guten Glauben, von diesem Hilfen und Lösungen zu bekommen. Sein ehemaliger Kollege, der ihm, schön gefärbt – gleich scheinheilig –, seine

Hilfe anbot, mißbraucht jedoch das Vertrauen, um ihm zu schaden.

Dies ist nur ein Beispiel von unzähligen Machenschaften, die aus dem Mischpult der Programmwelt des einzelnen hervorgehen. Ähnliches vollzieht sich tagtäglich in den Betrieben und Einrichtungen unserer Welt.

Das Beispiel kann auf alle Bereiche unseres Lebens übertragen werden, vom Denken, Sprechen und Handeln der einflußreichsten Autorität bis hin zum Schulkind, das dem Mitschüler die mit Sorgfalt geformte Sandburg im Sandkasten neidet und diese mit der Begründung zertritt: »Wir sollen doch keine Burgen bauen«, oder »Deine Burg hat doch keinen ausgebauten Burggraben.« Schon in diesem Schulkind hat sich der Neid gefärbt. Eine dem Anschein nach positive Aussage, die hilfreich und verbindlich klingt, birgt in sich den Neid.

Unsere Entsprechungen, unsere Sünden, unsere Eingaben sind unser Charakter und unser Schicksal - Programme aus Projektionen ebenfalls

Der technische Computer weist, wie dargelegt, das aus, was ihm eingegeben wurde. Er mischt die Programme nicht willkürlich. Er gibt sich auch nicht anders, als er aufgrund seiner Speicherung ist; er wird auch dem Computerfachmann oder demjenigen, der ihn bedient, nichts vormachen. Hier stellt sich die Frage: Ist der technische Computer nicht ein besserer Kollege als der Computer »Mensch«, der gleichsam sein Mischpult einsetzt und das ausweist, was ihm zum Vorteil gereicht?

Der technische Computer hat seine Farbe und seine Form, seine Disketten, seine Speicher, seine Betriebssysteme, seine Dateien, auf die er immer wieder zurückgreifen kann. Er kann mit dem, was in ihm ist, über Leitungen oder Telefon mit anderen Computern in Kommunikation treten. Er kann über verschiedene Eingabesysteme neue Daten aufnehmen oder vorhandene verändern – aber immer nur im Rahmen des vorhandenen Programms und der gespeicherten Daten. Normalerweise wird er von sich aus niemals völlig neue, nicht als Programm vorgesehene Aktionen einleiten.

Der Computer Mensch hat ebenfalls entsprechend seinen Speicherungen seine Form. Die Entsprechungsprogramme des Menschen sind mit Werkzeugen wie dem Meißel oder dem Farbpinsel zu vergleichen. Wie der Bildhauer mit dem Meißel eine Skulptur aus dem Stein herausschlägt, so bildet sich durch das Fühlen und Denken des Menschen seine Körperform. Wie der Farbpinsel oder der Stift eines Malers Strich für Strich ein Bildnis zeichnet, so zeichnet der Mensch mit seinen Entsprechungen, dem menschlichen Fühlen, Denken, Sprechen und Handeln, seinen physischen Leib.

Dies geschieht jeden Augenblick, denn in jedem Augenblick fühlen, empfinden, denken, sprechen und handeln wir. Infolgedessen verändert sich auch von Minute zu Minute unsere Strahlung. Wir sind das, was von uns ausgeht. Damit gestaltet der einzelne sein Leben und seine Umgebung – und so, wie er ist, wirkt er direkt oder indirekt auf seinen Nächsten ein.

Was und wie wir sind, was und wie wir uns äußern, was und wie wir handeln, alles Ungöttliche wird – sofern wir es nicht zuvor erkennen und durch Bereinigung tilgen – in den Fallkosmen gespeichert. So ist jeder Mensch ein von seinen eigenen Speicherungen Gezeichneter. Das gestern Gespeicherte kann sein Heute sein und das Heute sein Morgen.

Ein Sprichwort lautet: »Jeder ist seines Glükkes Schmied.« Der eine trägt viele sündhafte Speicherungen; seine Seele sowie sein Ober- und Unterbewußtsein sind schwer belastet. Infolgedessen haben Seele und Körper eine niedere Schwingung. Mit dieser Schwingung wirkt er dann auch auf seine Umwelt ein. Der andere hingegen wendet sich mehr und mehr dem Göttlichen zu, indem er sein Sündhaftes erkennt, bereut, bereinigt, nicht mehr tut und schrittweise die Gesetze Gottes erfüllt. Auch dieser Mensch ist entsprechend seinem Denken und Verhalten geprägt; Seele und physischer Leib schwingen höher, weil höhere Kräfte sie durchstrahlen. Er sendet positive Strahlen, positive Gedanken aus, die jene Menschen erreichen, die die Wahrheit suchen und nach der Wahrheit streben.

Unsere gespeicherten Entsprechungen, unsere Sünden, sind die Gravur unseres physischen Leibes. Wir tragen entweder das Licht unserer Seele oder stellen die Schatten unserer Seele, die Sünden, zur Schau. Jeder von uns ist der Ausweis seines Inneren, dessen, was ihm entspricht, was er sich selbst eingegeben hat. Das ist unser Charakter.

Lassen wir uns die Vorstellungen und Wünsche von Zweiten, Dritten oder Vierten einsuggerieren, nehmen wir die Projektionen unserer Nächsten auf, dann ist dies nur deshalb möglich, weil in unserer Seele oder in unserem Unter- oder Oberbewußtsein bereits Ähnliches gespeichert ist. Diese bereits bestehenden Engramme bilden die Basis, gleichsam die Magneten, die Gleiches und Ähnliches anziehen. Wir können es auch folgendermaßen formulieren: Die Saat des einen fällt auf den fruchtbaren Boden des anderen.

Nehmen wir die Projektionen anderer in das Repertoire unserer Programme, unserer Entsprechungen, auf, dann haben wir unsere Programmwelt erweitert. Durch die Übernahme von Teilen aus den Programmen anderer sind wir zugleich an diese gebunden.

Das Gesetz der Entsprechung kann auch das Übertragungsgesetz genannt werden. Inwiefern?

Wir Menschen haben die Angewohnheit, über Negatives lange nachzudenken. Haßt z.B. der eine den anderen, dann brütet er lange darüber nach, wie er seine Gehässigkeiten an den Mann bringen kann. Ein physikalisches Gesetz lautet: Keine Energie geht verloren.

Zur Veranschaulichung ein Bild: Einen negativen Gedanken können wir mit einer Wespe vergleichen, die ihr »Gift« in sich trägt. So ist ein Mensch, der grübelt und brütet, umgeben von ganzen Schwärmen von »Wespen«, die aggressiv in Bewegung sind. Die hitzigen, haßerfüllten Gedanken des einen schwirren also wie Wespenschwärme in der Atmosphäre umher und suchen ihresgleichen. Sie landen eventuell gar nicht bei jenem, den dieser Mensch haßt, sondern überall dort, wo sie »Entsprechendes« – ein gleiches oder ähnliches Milieu, eine gleiche oder ähnliche Gefühls- und Gedankenwelt – antreffen.

Haben die »Wespen«, die Gedankenvagabunden, in einem Menschen gleich- oder ähnlichschwingende Eingaben gefunden, dann stechen sie zu, um ihr Gift in die entsprechenden Programme des Opfers »einzuspritzen«. Das »Opfer«, das ja schon Energien der gleichen

Art in sich trägt – Haßgefühle, Haßgedanken –, kommt noch mehr in Wallung. Das Gift des einen stachelt die Emotionen des – ihm unter Umständen unbekannten – Mitmenschen immer mehr an, bis dieser schlußendlich zur Tat schreitet, also zum Übeltäter wird, den unsere Gerichte zur Rechenschaft ziehen und gegebenenfalls verurteilen. Der Täter wird bestraft. Der Mitanstifter jedoch, der seine brütenden Haßgedanken ausgesendet hat und auf diese Weise dazu beitrug, daß der andere nun zum Gesetzesbrecher wurde, geht scheinbar frei umher.

Nach dem Gesetz von Ursache und Wirkung ist der Mitanstifter an den Täter gebunden. Er kennt diesen möglicherweise gar nicht, doch die Verstrickungen im kausalen Netzwerk lassen eines Tages offenbar werden, was vorliegt. Die »Sonne« bringt diese Schuld an den Tag; wir erkennen entweder an den Wirkungen oder an den Auswirkungen, daß wir uns belastet und einen karmischen Faden, eine Bindung, aufgebaut hatten.

Wir können also unsere emotionsgeladenen Gedanken anderen übertragen. Diesen Vorgang nennt man auch Telepathie. Oftmals ist ein Gedanke, der von uns ausging, der Funke, der die Explosion in einem »Pulverfaß« auslöst, der letzte Anstoß zur Straftat unseres Nächsten, die diesen unter Umständen zum Kriminellen macht. Für seine Tat und alles, was weiter daraus resultiert, tragen wir eine Mitschuld.

Wir erkennen die einfache Lehre des Jesus von Nazareth, des Christus Gottes, der sprach und spricht: Was der Mensch sät, das wird er ernten – außer, er erkennt rechtzeitig seine Ursachen, um sie mit der Kraft des Christus zu bereinigen und nicht mehr zu tun.

Überdenken wir diese kurzen Ausführungen in ihren Konsequenzen, dann wird sicherlich so mancher sagen: »Das ist ungeheuerlich« oder gar: »Das ist unheimlich«. Beides trifft zu. Denn aufgrund des Prinzips »Senden und Empfangen« ist vieles möglich. Durch die Projektionen, die wir uns einsuggerieren lassen oder die uns aufgrund gleicher oder ähnlicher Entsprechungen durch Telepathie übertragen werden, übernehmen wir Teile des Charakters anderer, denen wir z.B. hörig sind. Wir lassen uns programmieren und manipulieren.

Das Netz der Spinne ist ihre Welt. Wie eine Spinne spinnen wir Menschen unser Netz, das Netz unserer Entsprechungen, unserer Programme. Darin leben wir, es ist unsere Ichwelt, darin sind wir gefangen – und durch die Fäden unserer Projektionen auch an das Netzwerk unserer Nächsten gebunden.

Doch das Prinzip »Senden und Empfangen« wirkt auch im Positiven.

Senden wir positive, friedvolle, verbindende Gedanken aus, so tragen auch diese die ihnen innewohnende Botschaft weiter. Z.B. können sie von einem Menschen aufgenommen werden, der über die Möglichkeiten nachsinnt, einen Mord zu begehen. Unsere positiven Fluggedanken können in das Für und Wider des negativ Denkenden Einlaß finden. Das Zünglein an seiner Herzenswaage wird von der positiven Energie unseres Gedankens berührt, die Wogen seines Hasses beruhigen sich, seine Vernunft und sein Gewissen gewinnen die Oberhand. Können wir diesen – uns unbekannten – Mitmenschen auf diese Weise von einer grausamen Tat abhalten, so werden wir, ohne daß uns oder ihm dies bewußt ist, zum Befreier und zum unerkannten Freund dessen, der die Tat unterließ und dessen Leben nun eventuell eine Wende zum Guten nahm.

Schutz vor Beeinflussung: Erkenne dich selbst, erlange Standfestigkeit in Christus, und wende dich den positiven Kräften zu. »Was du nicht willst, daß man dir tu ...«

Mancher wird sich fragen: »Wie kann ich mich vor der Beeinflussung, vor der Projektion durch andere oder gar vor telepathischer Übertragung schützen?«

Es gibt nur einen Schutz, der lautet: Lerne dich selbst kennen, dein Verhalten, deinen Charakter, der aus deinen persönlichen Gefühlen, Empfindungen, Gedanken, Worten und Handlungen besteht, bereinige täglich mit der Hilfe des Christus Gottes das, was dir das Heute an Sündhaftem aufzeigt, und tue diese Sünde nicht mehr. So erlangst du die Standfestigkeit in Christus und läßt dich nicht mehr von den Wünschen, Leidenschaften, Meinungen und Vorstellungen deiner Mitmenschen beeinflussen. Haben wir den Halt im göttlichen Selbst gefunden, werden wir uns auch nicht mehr anlehnen oder andere nachahmen.

Ändern wir uns auf diese Weise, dann verändert sich unser Charakter und damit auch das Erscheinungsbild unseres Körpers. So mancher Gebeugte beginnt sich aufzurichten, wenn er sich den positiven Kräften zuwendet. So manches Fältchen schwindet, wenn der Mensch mehr und mehr positiv fühlt und denkt, wenn er in allen und in allem die positiven Kräfte bejaht und sich daran macht, sie zu entfalten.

Wir nehmen täglich durch unsere Sinneseindrücke, durch unser Fühlen und durch unsere Denk- und Redeweise auf unseren Charakter Einfluß. Dieser wiederum prägt unseren physischen Leib.

Sollten wir dies nicht für möglich halten, so kann auch der Spiegel, in dem wir das Abbild unseres Äußeren betrachten, eine gute »Lektüre« für uns sein. Blicken wir in den Spiegel, besonders dann, wenn uns etwas bewegt, wenn wir freudig oder niedergeschlagen, gehässig oder neidisch sind! In unserem Spiegelbild können wir vieles über uns lesen. Dadurch erleben wir unmittelbar unsere Charakterzeichnung, die täglich neu ist, gemäß den Situationen, die der Tag bringt, und auch gemäß unserem täglichen Fühlen, unserer Denk-, Sprech- und Handlungsweise, also unserer täglich neuen Programmierung.

Wollen wir unser Leben positiv gestalten, wollen wir einen lauteren Charakter, ein offenes Wesen, so können wir mit der Einübung des Wohlwollens beginnen. Dabei hilft uns jene Gesetzmäßigkeit, die lautet: »Was du nicht willst, daß man dir tu, das füg' auch keinem anderen zu«.

Jeder von uns möchte vom anderen verstanden und angenommen werden. Jeder von uns möchte, daß der Nächste über ihn positiv und wohlwollend denkt. Üben wir uns also zuerst selbst im Wohlwollen! Das heißt nicht, daß wir unserem Nächsten zum Munde reden sollen, sondern daß wir in ihm das Gute bejahen, denn in jedem Menschen ist Gutes, da Gott, die allwissende Liebe und Weisheit, in der Seele jedes Menschen ist und auch in jeder Zelle des physischen Leibes. Üben wir uns im Verbundensein mit unseren Mitmenschen, statt uns von ihnen zu trennen, dann werden wir gütiger, werden verständnisvoller und wohlwollender. Verständnis, Wohlwollen und Güte führen zum rechten Sehen und Verstehen des Nächsten.

Üben wir uns auch in der Freiheit, indem wir unseren Nächsten nicht mehr durch unsere Projektionen an uns binden, wenn wir ihn für unsere Wünsche oder für unser Gedankengut gewinnen wollen. Lassen wir ihm die Freiheit im Denken, Reden und Tun, so werden wir tolerant. Toleranz führt allmählich zur Einheit mit unserem Nächsten.

Wer sich selbst in die Zucht nimmt, um sich seine Falschheit auszutreiben, der lernt auch seinen Nächsten besser zu erkennen und im rechten Licht zu sehen. Ziehen wir bei uns selbst die Zügel an, um unsere eigenen Lasterhaftigkeiten abzulegen, dann lernen wir auch unsere Nächsten zu verstehen und finden mit ihnen zur inneren Einheit.

Jesus sagte sinngemäß: »Was siehst du aber den Splitter in deines Bruders Auge und nimmst nicht wahr den Balken in deinem Auge?« – Bearbeiten wir zuerst den Balken im eigenen Auge, dann haben wir auch die Kraft, mit unseren Mitmenschen über den Splitter in deren Auge zu sprechen, ohne belehrend, anzüglich oder intolerant zu werden.

Wer sich selbst beobachtet und kontrolliert und sich selbst immer wieder befiehlt: »Was ich nicht will, daß man mir tu, das füge ich auch keinem anderen zu«, der wird durch diese Selbstzucht den Balken aus seinem Auge entfernen. So tut er die Schritte, die ihn dem Nächsten näherbringen, und er gewinnt über Wohlwollen, Verständnis und Güte das rechte Sehen und Verstehen seiner Mitmenschen. Dann fällt es ihm nicht mehr schwer, jedem die Freiheit zu lassen und allen gegenüber tolerant zu sein.

Auf diese Weise entsteht die Basis dafür, daß er Achtung vor seinen Mitmenschen erlangt. Wer Achtung vor seinem Nächsten hat, der wird mehr und mehr auch Gott, der ewigen Liebe, die Ehre erweisen, indem er Schritt für Schritt das erfüllt, wozu er auf der Erde ist: die Gebote Gottes einzuhalten.

Alle Wandlungen hin zum Guten, zum Göttlichen, in uns, verwandeln unseren Charakter; wir werden edler. Aus einem aufrechten Charakter erwächst ein aufrichtiger Mensch, der seine Mitmenschen schätzt, da er sich selbst ändert, anstatt seinen Nächsten ändern zu wollen.

Wer Gott in seinen Charaktereigenschaften, in seiner ganzen Denkwelt die Ehre gibt, in dem erwacht die Gottes- und Nächstenliebe. Solche Menschen stehen auf dem Boden der Tatsachen. Sie sind standfest, klar, aufrecht und aufrichtig. Es sind jene Menschen, die fähig sind, in schwierigen Situationen Antworten und Lösungen zu finden und alles zum Guten zu wenden.

Aus den Gefühlen, Empfindungen, Gedanken, Worten und Handlungen des Menschen ergeben sich sein Charakter, sein Verhalten und sein Körperbau. Programme, die wir heute aufbauen, sind Bausteine für kommende Einverleibungen

Durch die Wandlung hin zum Guten lernen wir, tiefer zu blicken. Menschen können uns nur so lange blenden und täuschen, wie wir uns über uns selbst blenden und täuschen. Haben wir einen aufrechten Charakter entwickelt, so vermögen wir oftmals in das Verborgene unserer Mitmenschen zu blicken, und wir sehen diese, wie sie wirklich sind. Wir sehen wohl die Fehler und Schwächen unserer Mitmenschen, doch wir werten und urteilen nicht.

An jedem Menschen kann, wie schon gesagt, abgelesen werden, was er wirklich ist. Die Zeichnung des einzelnen gestaltet sich vielfältig, je nach seinen positiven und negativen Programmen. Wir verändern uns jeden Tag, jede Stunde aufs neue gemäß unseren Verhaltensweisen. Entsprechend unserer Zeichnung bewegen und verhalten wir uns.

Es gibt keine Zufälle. Der ganze Mensch zeichnet sich vom Scheitel bis zur Sohle selbst. Bis hin zu den winzigsten Details, den Grübchen, den Fältchen – alles ist vom einzelnen selbst in die Seele und in seine Gene eingegeben.

Es ist somit kein Zufall, daß wir diesen unseren Körperbau haben; jeder hat seinen spezifischen Körperbau, der von seinem Charakter abhängt. Es ist kein Zufall, daß der eine diese und der nächste wieder eine andere Haarfarbe hat, daß unser Haaransatz tiefer oder höher, die Stirn breiter oder schmaler ist. Ob der Mensch sein Haar gescheitelt hat oder nicht, ob der Scheitel rechts, links oder in der Mitte fällt – alles liegt in seinem Charakterbild. Es ist nicht Zufall, daß z.B. das Haar stark oder fein ist oder – ganz oder teilweise – ausfällt. Auch die Art der Frisur ist kein Zufall. Es ist kein Zufall, daß die Nase lang oder kurz, gebogen oder gerade ist, daß der Mensch hervorstehende Wangenknochen, weit auseinanderliegende oder eng zusammenstehende Augen hat. Auch seine Augenbrauen und seine Augenfarbe, seine Gesichtsfarbe und seine Gesichtszüge resultieren aus den Genen und dem Charakterbild. Die Form der Ohren und der Nase, die kleinen und tieferen Falten des Gesichtes sind keine Zufälle. Allein schon das flache oder hervorstehende, das breite, spitze oder gespaltene Kinn sagt vieles über den Charakter aus.

Alles dies ist gezeichnet durch den Pinsel unserer zahllosen Gefühle, Empfindungen, Gedanken, Worte und Handlungen, unserer Leidenschaften, Sehnsüchte, Wünsche und dergleichen. Die Charaktermerkmale, gleich Charakterbilder, die uns prägen, haben wir zum großen Teil in Vorinkarnationen in unsere Seele und über diese in unsere Gene eingegeben. Wer von der Reinkarnation weiß, für den gibt es keine Zufälle.

Die ganze Unendlichkeit ist Gesetz. Somit ist auch unsere Programmwelt – das, was wir in unser Ober- und Unterbewußtsein, in die Seele und in die Speicherplaneten eingegeben haben – Gesetz; es ist unser Persönlichkeitsgesetz, das in Rhythmen und Zyklen abläuft, das uns prägt und auf uns Einfluß nimmt.

Unsere Programmierung betrifft die kleinsten Bausteine unseres Körpers. Keiner von uns hat die gleichen Hände. Jede Hand ist anders und detailliert gezeichnet; jeder zeichnete sie selbst durch seine eigene Programmierung in dieser oder in früheren Existenzen. Es ist kein Zufall, daß der eine gerade und der andere fallende Schultern hat oder daß die Schultern breit oder schmal sind. Ob unsere Arme lang oder kurz, unsere Taille und Hüften schmal oder breit sind, unser Oberkörper voluminös oder zierlich ist, ob wir gekrümmte oder gerade Beine haben – sogar die Schuhgröße haben wir selbst bestimmt durch unsere Programmierung. Ob unser Gang aufrecht oder gebeugt ist, ob wir große oder kleine Schritte machen, wir selbst haben es bestimmt durch unsere Eingaben, die zugleich Vorgaben für unseren Körper sind.

Jedes Hautpigment will uns etwas sagen, die Zähne sprechen zu uns, die Nägel haben ihre Sprache. Wer zu schauen gelernt hat, wer sich selbst erkannt und sein Sündhaftes überwunden hat, der liest im Äußeren des Menschen wie in einem offenen Buch.

Alles, aber auch alles ist unser persönlicher Ausdruck. Unsere Bewegungen, unsere Gestik und Mimik, der Ausdruck unseres Mundes, jedes Fältchen am Körper, jede Sommersprosse – alles ist durch uns selbst vorgegeben, durch die einzelnen Züge unseres Charakters, der sowohl den Körper als auch unser Schicksal zeichnet und prägt. – Auch die Formen und Farben der Kleidung, die wir wählen, der Ausdruck unserer getragenen Schuhe, die Gestaltung unserer Wohnung und wie wir darin leben, auch die Umgebung, in der wir wohnen, unseren Geschmack, unsere Gewohnheiten, haben wir selbst bestimmt. Die Art, wie wir auf dem Stuhl oder im Sessel sitzen, die Art des Liegens auf unserem Nachtlager entspricht unseren Programmierungen. Jeden Schritt haben wir uns vorgegeben. All unser Denken, Reden und Tun kommt aus der Welt unserer Programme, unseres Charakters. Alles, aber auch alles, ist die Prägung durch uns selbst und durch niemand anderen.

Welche Nahrung und Getränke wir zu uns nehmen, wie wir die Nahrung zubereiten, wie wir essen, wie wir Löffel, Gabel und Messer in der Hand halten und wie wir das Glas mit Flüssigkeit zum Munde führen – alles steht in unserem Charakterbild, zeichnet unseren Körper und bestimmt unser Verhalten.

Heute können wir unsere Körperstruktur, die wir uns in Vorinkarnationen geschaffen haben, als Ganzes gesehen, nicht verändern. Wir können uns jedoch eine andere Strahlung geben, eine schwingungsmäßig höhere oder niedrigere Strahlungsfrequenz. Das geschieht wiederum über unsere fünf Sinne, die uns prägen, über unser Fühlen, Denken, Sprechen und Handeln sowie über unsere Wunschwelt. Wir können unser Verhalten, das unserer inneren

Haltung, unserem Charakter, entspricht, verfeinern oder vergröbern. So können sich Teilaspekte – z.B. die Form und Farbe unserer Kleidung, unsere Eßgewohnheiten, Gestik und Mimik, der Gang, die Sprache – verändern, nicht jedoch die Grundstruktur unseres Körpers.

Jeden Tag zeichnen wir uns aufs neue, und jeden Tag geben wir ein entsprechendes Charakterbild vor, das sich dann auch an unserem derzeitigen physischen Leib mittelbar auswirkt. Ist der materielle Körper hingeschieden und geht die Seele in dem von ihr selbst vorgegebenen Inkarnationszyklus wieder zur Einverleibung, dann kann das, was wir heute in unsere Seele und auch in die Kosmen der Reinigungsebenen und der Materie eingeben, morgen, also in der nächsten Einverleibung, unmittelbar zum Ausdruck kommen. Was wir heute, in dieser Inkarnation, in die Seele und in die Gene eingeben, das können wir – dann, wenn die heutigen Eingaben in den Gestirnen, in der Seele und in den Genen voll aktiv sind –, morgen, in einer anderen Daseinsform, sein.

Schieden wir heute hin, so wären die Eingaben für morgen, für einen weiteren Erdengang oder für den Weg als Seele in den Stätten der Reinigung, bereit. Mit diesen unzähligen Speicherungen, also Programmen, in Seele und Leib sind wir an den Computer des materiellen Kosmos und den der Reinigungsebenen angeschlossen. Durch die Einstrahlung der in diesen Kosmen befindlichen Speichersterne wird uns täglich aufgezeigt, welche Programme heute in uns aktiv sind, die wir erkennen, analysieren und bereinigen sollten.

Kein Mensch ist seinen Eingaben, seinen Entsprechungen, Programmen und deren Wirkungen hilflos ausgeliefert. Erkenne dich selbst! Dein Gewissen mahnt dich

Wir hören immer wieder: Gott in uns. Damit ist der unbelastbare Wesenskern, Gott, gemeint, die Liebe, die in jeder Seele wohnt. Durch das Göttliche in uns, den unbelastbaren Wesenskern, stehen wir unmittelbar mit den ewig reinen Welten der Himmel, dem ewigen Sein, in Kommunikation. Durch unser Sündhaftes, die Belastungen unserer Seele, hingegen stehen wir mit denjenigen Gestirnen der Reinigungsebenen in Kommunikation, die unser Sündhaftes gespeichert haben. Das sind dann die Wege, die energetischen Bahnen, die die Seele ins Jenseits führen und eventuell auch von dort wieder in das Diesseits.

Unser physischer Leib, der aus Wasser und Erde besteht, steht auch mit dem materiellen

Kosmos in Verbindung, der nach dem Leibestod die Verweslichkeit einleitet, der die Umsetzung der menschlichen Hülle in Wasser und Erde begleitet und der auch noch Programme unseres ehemaligen irdischen Lebens gespeichert hält, die uns gleichsam als Vorgaben für eine weitere Einverleibung dienen.

Kein Mensch ist jedoch unwiderruflich seinen eigenen Eingaben, seinen Programmen, also seinen Entsprechungen ausgeliefert. Ist er täglich wachsam und überprüft seine Gefühls- und Gedankenwelt, seine Worte, Handlungen und Leidenschaften, so kann er daraus seinen Charakter erkennen und die negative Prägung beheben.

Das Grundprinzip, um uns selbst zu erforschen, wer wir wahrlich sind, lautet: Erkenne dich selbst. Hierfür gibt es viele Spiegel: Unsere Fehler und Schwächen, unsere Belastungen, spiegeln sich wider in und an unserem Körper und unserem Gesicht, in unserer Familie, in den Verwandten, den Freunden, den Kollegen und Kolleginnen, den Vorgesetzten; da sind ebenfalls die Spiegeleffekte der Straßenpassanten mit all dem, was diese in uns in Bewegung bringen. Auch unser Verhalten beim Essen und Trinken ist uns Spiegel, ebenso unsere Sitzhaltung, unsere Kleidung, deren Farben und Formen, auch die Gestaltung und die Farben und Formen unserer Wohnung, unsere Umgebung – alles ist uns Spiegel.

Das Gesetz der Entsprechung könnten wir auch das »Spiegelgesetz« nennen. Die Begegnung und die Erfahrung mit seinen Spiegelbildern ist für denjenigen, der sich erkennen möchte, um sein niederes Menschliches zu überwinden und frei zu werden, eine unschätzbare Hilfe.

Zur Selbsterkenntnis dienen uns noch weit mehr Spiegel: Unser Verhalten dann, wenn wir uns unbeobachtet oder wenn wir uns beobachtet fühlen. Auch die Situationen im Straßenverkehr können uns Spiegel sein, z.B. dann, wenn uns ein anderes Fahrzeug gesetzwidrig überholt, oder wenn ein Auto unserem Fahrzeug zu nahe kommt. Auch wie wir unseren Wagen oder unser Fahrrad parken, wie wir uns an der Kasse eines Kaufhauses verhalten – es ist unser Spiegel. Alles, aber auch alles spricht zu uns. Nicht unserem Nächsten, sondern uns selbst wollen unsere Aktionen und unser darauf folgendes Verhalten etwas sagen.

Durch all diese und unzählige weitere äußere Zeichen offenbaren wir unseren wahren Charakter, also die Programme, die uns prägen und steuern. Die verschiedenen Merkmale unseres Charakters sind jene Malstifte, die unserem Körper den Charakterausdruck verleihen. Auch der Ausdruck unserer Sprache, unsere Wortwahl, die Betonung der Worte, der Klang unserer Stimme, unser Denken, aber auch unsere Gefühlswelt sind Ausdruck der Speicherungen in unserer Seele, im Ober- und im Unterbewußtsein, also Ausdruck unseres Charakters. Ob wir unseren Nächsten bestimmen, ihm unsere Vorstellungen suggerieren, indem wir unsere Entsprechungen in ihn hineinprojizieren, ihm unsere ego-starken Gedanken telepathisch übertragen oder ihm in seinem Denken und Handeln die Freiheit lassen, all das sind Teile unserer persönlichen Eingaben, die uns prägen.

Die Summe aller Programme in unserer Seele und in unserem Ober- und Unterbewußtsein bildet unseren Bewußtseinsstand. Was wir sind, das strahlen wir aus, und das strahlt uns auch aus allem entgegen. Wir empfangen ohne Unterlaß Impulse aus unseren Eingaben in den Speichersternen der Fallkosmen – nach dem Prinzip »Senden und Empfangen«.

Der unbelastbare Wesenskern, Gott, das Gute in uns, sendet ebenfalls unermüdlich Signale. Diese Impulse bilden – neben weiteren göttlichen Hilfen durch Schutzwesen des ewigen Seins – unser Gewissen. Dieses schlägt an bei allen ungöttlichen Regungen und Neigungen in uns, z.B. bei Aggressionen, bei Neid, Habgier, bei selbstsüchtigem Tun und dergleichen. Auch dann, wenn wir schönfärberisch reden, doch unlauter denken, regt sich unser Gewissen.

Vielfach wirkt unser Gewissen, das sich über die feinsten Schichten unserer Gefühlsebene offenbart, zuerst spürbar im Sonnengeflecht. Dort merken wir dann ein Unwohlsein, das einem leichten Übelgefühl gleichen kann. Gehen wir diesen feinsten Signalen nach, indem wir unsere Gefühlsebene erforschen, dann öffnen wir gleichsam eine Pforte, durch welche die Impulse aus dem Wesenskern, Gott, und die der Schutzwesen in unsere Gedankenwelt strömen. An den in uns aufsteigenden Gedanken können wir dann ablesen, was uns das Gewissen signalisiert.

Wer sein Gewissen jedoch abtötet, indem er grundsätzlich seine egoistische Haltung beibehält, der wird mit der Zeit sein Gewissen los. Er überlagert es mit vielen Schichten seines Egoismus und hat dadurch kaum mehr Zugang zu seinen Gefühlen. Wer sein Gewissen los ist, der ist auch seinen Charakter los. Er ist also gewissenlos und charakterlos und ausschließlich auf sein Ego, auf sein niederes Selbst, bedacht. Auch davon ist der Mensch gezeichnet. Er ist sodann der Ausdruck seiner Charakterlosigkeit.

Alles ist Gesetz - göttliches Gesetz oder Gesetz unseres Egos. Gleiches zieht Gleiches an

Wer dieses Büchlein aufmerksam liest und sich selbst prüft, der taucht in die bisher noch nicht erkannten Tiefen seiner Welt der Sinne, der Regungen und Neigungen ein. Erst dann wird unser irdisches Leben wirklich interessant, denn wer zum Erforscher seines niederen Selbst wird, der findet auch Zugang zu den tiefsten Programmen, die er sich in seinen Vorexistenzen geschaffen hat und die auf sein derzeitiges irdisches Leben einwirken. Wer sich ungeschminkt im Spiegel der Tatsachen anschaut, dem wird allmählich bewußt, daß jeder Mensch sein eigenes Gesetz schafft und daß die persönlichen Gesetzmäßigkeiten aus den persönlichen Eingaben, dem Fühlen, Denken, Sprechen und Handeln, also aus seinem ganzen Verhalten, entstehen.

Die Saat, die aus unserer Sinneswelt, aus unserem Fühlen, Denken und Verhalten besteht und die wir in den Acker unserer Seele einbringen, wird unsere Ernte. Säen wir Gutes, so werden wir Gutes ernten. Säen wir eine schlechte Saat, dann werden wir Schlechtes ernten. Unfriede, Unzufriedenheit, Selbstsucht, Leidenschaft, Haß, Neid, Feindschaft, Gier und vieles weitere sind unser Ego, sind die

Aspekte, die unser Schicksal bilden. Es ist die Ernte unserer Saat.

Viele von uns fragen immer wieder: »Was wird wohl das Schicksal mir selbst und den Meinen bringen?« Und so mancher meint, unser Schicksal läge im Nebel des Unbegreiflichen. Das ist jedoch nicht so. Uns wird vieles offenbar, wenn wir in unsere Denkwelt, in unser ganzes Verhalten Einblick nehmen. Wer an der Oberfläche forscht, wird sich leicht täuschen. Wir müssen unsere Lebensäußerungen in der Tiefe erfassen, ihnen auf den Grund gehen.

Gedanken und Worte z.B. sind gleich Schalen, die oftmals anders lauten, als ihre Inhalte sind. Gerade die Inhalte der Schalen – das also, was hinter den Gedanken, Worten und auch Handlungen steht, z.B. die Motivation, der Gefühlsinhalt, die wahre Absicht –, sind Aspekte von schicksalsbestimmenden Eingaben, die oftmals schon Vorzeichen für den Ausbruch eines Schicksals sind.

An den Inhalten unserer Gedanken, Worte und Handlungen können wir die Aspekte der von uns eingravierten Schicksale ablesen. W a n n diese zur Wirkung kommen, bestimmt die Aktion der Gestirne, in welchen unsere Eingaben gespeichert sind. O b das Schicksal zur Wirkung kommt, bestimmt jeder einzelne von uns selbst. Wer mit der Christus-Gottes-

Kraft täglich die erkannten Sünden bereut, bereinigt und nicht mehr tut, dem kommt Christus mehrere Schritte entgegen und löst in ihm so manches Schicksal; Er wandelt das gefahrvolle Negative in positive Lebenskraft, in die Kraft der Liebe und Barmherzigkeit, um.

Alles, was uns umgibt, das, was wir sehen, und das, was unser physisches Auge nicht wahrzunehmen vermag, ist Gesetz. Ob wir von den Bahnen der Gestirne sprechen, von der Gravitation, von Vorgängen in den Naturreichen, vom Verhalten unseres Nächsten oder ob wir über unser eigenes Tun nachdenken – überall begegnen wir den Gesetzmäßigkeiten. Ob wir uns dahin oder dorthin bewegen, ob wir diese oder jene Reiseroute wählen, ob wir dieses oder jenes Land bereisen, ob wir mit dem Flugzeug, mit dem Schiff, mit dem Auto oder mit der Bahn unterwegs sind, alles ist schon in uns vorgegeben. Unsere Vorgaben sind Steuerungsmechanismen. Sie sind die Werkzeuge der Gestirne, in denen sich, wie schon dargelegt, unsere Eingaben befinden. Sie wirken auf die Programmwelt unserer Seele ein und auch auf das Oberbewußtsein und Unterbewußtsein unseres materiellen Körpers. Sie bringen unser Charakterbild in Bewegung und zeichnen unseren Körper.

Wichtig für jeden einzelnen von uns ist die Unterscheidung zwischen dem Gesetz Gottes, dem Gesetz der Liebe und des Friedens, einerseits und dem Gesetz unseres Egos andererseits.

Unser unsterblicher geistiger Leib besteht aus den unzähligen Gesetzmäßigkeiten des ewigen Gesetzes, Gott. Aus diesem allumfassenden Gesetz der Liebe und Weisheit empfingen wir durch Mose die Zehn Gebote und von Jesus, dem Christus, die Bergpredigt. Diese Gesetzmäßigkeiten sollen uns Leitgebote sein, an denen wir uns orientieren können, um in das allumfassende, ewige Gesetz Gottes, die Liebe, zu finden. Aus der Liebe, aus Gott, strömen Freiheit, Freude, Glück, Harmonie, Gleichheit, Einheit und Gerechtigkeit. Der reine Geistleib ist also die Essenz alles Reinen der Unendlichkeit.

Das auf die Person, auf das »Menschliche« des Menschen, bezogene Gesetz ist das Gesetz des persönlichen Egos. Es besteht aus den Programmen, den Entsprechungen, jedes einzelnen, aus den persönlichen, egoistischen Gesetzmäßigkeiten, die sich auf unsere kleine Welt, die Welt unseres Egos, beziehen. Diese unsere Ichgesetzmäßigkeiten, die wir uns selbst geschaffen haben, überlagern das Göttliche in uns. Mit diesen unseren Programmeingaben arbeiten wir. Diese sind, im übertragenen Sinne, unsere Handwerkzeuge. Damit wirken wir auf unsere Nächsten und auf unsere Umwelt ein.

Die Gesetzmäßigkeit der Unendlichkeit »Gleiches zieht zu Gleichem« oder »Gleiches zieht Gleiches an« gilt auch für unsere Entsprechungen. Das, was wir aus unseren menschlichen, sündhaften Programmen aussenden, was wir damit einleiten und tun, Gleiches oder Ähnliches ziehen wir wieder an uns heran. Das überfällt uns und bestimmt uns.

Nach dem Gesetz des Sendens und Empfangens – Gleiches zieht Gleiches an – kommt auf uns nur wieder das zurück, was wir ausgesendet haben. Reine Wesen ziehen nur Reines an, weil sie das Reine, das göttliche Gesetz, erfüllen. Das unreine Wesen, der Mensch, zieht vielfach das Unreine an, das er sich selbst eingegeben hat, das, was ihn, den Menschen, prägt. Solange wir uns Entsprechungen schaffen, schaffen und erweitern wir auch die Welt unserer persönlichen Gesetzmäßigkeiten, die uns Echo sind, denn was wir senden, das empfangen wir.

Durch Umwandlung unseres Ichgesetzes und Erfüllung der Gesetze Gottes schaffen wir ein lichtes Bild unseres Daseins und nähern uns dem Ebenbild Gottes. Durch Projektion gemixter Entsprechungsprogramme entsteht unser persönliches Kommunikationsnetz

Das Gesetz Gottes besteht aus den sieben Grundkräften Ordnung, Wille, Weisheit, Ernst, Geduld – gleich Güte –, Liebe und Barmherzigkeit – gleich Sanftmut.

Das egoistische Gesetz, das sich jeder einzelne persönlich schuf und schafft, besteht aus Unordnung, Eigenwillen, intellektuellem Streben, aus Leichtfertigkeit, Ungeduld, Eigenliebe – gleich Selbstsucht – und Unbarmherzigkeit – gleich Gnadenlosigkeit.

Die sieben göttlichen Grundkräfte, das Gesetz Gottes, wurden durch die Abkehr der Fallwesen und durch das Immer-wieder-Sündigen der Menschen umgepolt in die sieben egoistischen Schaffungskräfte, die das menschliche Ego sind. Mit diesen sieben egoistischen Kräften schafft jeder Mensch seine Sünden und seinen Anteil am Weltenkarma, der Weltenschuld. Das ist sein egoistisches Erbe. Die individuellen Eingaben sind der menschliche Charakter, das Persönliche jedes einzelnen; es kann anderen nicht angelastet werden. Dieses unser Individualgesetz ist unser Arbeitsvolumen. Daraus schöpfen wir, und daraus wirken wir auf unsere Nächsten und auf unsere Umwelt ein.

Unsere Entsprechungen können wir auch als Werkbank sehen, dann, wenn wir darauf weitere Programme drechseln und erstellen, wie z.B. die Programme der List und Tücke, um damit unsere Vorteile zu erlangen. Die Werkbank unserer Entsprechungen dient uns auch dazu, die produzierten Programme so zu drechseln, sie mit scheinbar logischen Argumenten zu versehen, mit Hinweisen zu bestücken, die die Schwächen unserer Nächsten berücksichtigen, damit unser Nächster darauf hereinfällt und wir leicht unsere Programme in ihn hineinprojizieren, gleich hineinsuggerieren, können.

Wer sich selbst nicht erforscht und sich nicht zurechtschmiedet, indem er sein Sündhaftes bearbeitet und in gottgewolltes Denken und Verhalten wandelt, der wird eines Tages von seinen Nächsten geschmiedet werden, die ihm ihre Denkmuster, ihr Wollen und Wünschen suggerieren, also in ihn hineinprojizieren oder durch Telepathie übertragen.

Da in jedem Menschen Gott wohnt, hat auch jeder Mensch die Hilfe und die Kraft des Christus Gottes in sich, seine Entsprechungen, also sein Sündhaftes, umzuwandeln, um von seinem Individualgesetz, dem Egogesetz, in das

Gottesgesetz zu gelangen. Jedem Menschen ist also geboten, die sieben Grundkräfte Gottes, die jeder einzelne auf unterschiedliche Art und Weise umgepolt hat, wieder ins rechte Lot zu bringen, von der Unordnung zur Ordnung, vom Eigenwillen zum Gotteswillen, vom intellektuellen Streben zur göttlichen Weisheit, von Leichtfertigkeit zur Ernsthaftigkeit, von der Ungeduld zur Geduld, von der Eigenliebe – gleich Selbstsucht – zur Gottesliebe, von der Unbarmherzigkeit – gleich Gnadenlosigkeit – zur Barmherzigkeit.

Das Gesetz Gottes ist unumstößlich. Irgendwann müssen wir unser Ichgesetz umwandeln und die Gesetzmäßigkeiten Gottes erfüllen, denn das Gesetz des Ewigen ist absolut, unabänderlich. Entweder wir ändern uns und werden dadurch wieder liebevoll, friedvoll, gesund, lebensfroh, glücklich, also gottbewußt, oder wir schaffen weiter an unserem Ego, dem Entsprechungsgesetz, und werden weiterhin das ernten, was wir gesät, gleichsam geschaffen haben.

Säen wir weiterhin Haß und Neid, dann werden Haß und Neid uns treffen; säen wir weiterhin Unfrieden und Streit, dann wird Gleiches und Ähnliches auf uns zukommen; säen wir Feindschaft und leiden andere durch uns, so werden wir Gleiches und Ähnliches auf uns ziehen.

Das Charakterbild, das wir von uns selbst gezeichnet haben, ist, wie dargelegt, vielfach festgehalten. Der gesamte Komplex unserer Eingaben bildet unser persönliches Kommunikationsnetz. Der Mensch also ist die Spinne, die ihr Netz gesponnen hat, und er ist es, der von den Fäden des Netzes gezogen wird.

Die energetischen »Fäden« dieses Netzes gehen von uns sowohl zu Mitmenschen, zu Orten, zu Dingen, zu Lebensformen als auch zu entkörperten Seelen, zu Speicherplaneten im materiellen Kosmos, zu Speicherplaneten in den Reinigungsebenen. Unsere Eingaben in den Speichersternen der Fallkosmen, die ihr Gegenstück in den Eingaben, den Programmen in unserer Seele, in unseren Gehirnzellen, in unseren Genen und in allen Körperzellen haben, bestimmen unser Schicksal.

Wirken Teile unserer gleichen oder ähnlichen Eingaben aus den verschiedenen Gestirnen gebündelt auf uns ein, gleichsam wie auf einer Perlenschnur aufgefädelt, dann werden in uns Teile unserer Programme verbunden, die dann verstärkt auf unseren Körper einwirken und Krankheiten, Schicksalsschläge, Nöte und dergleichen hervorrufen.

Jeder von uns gibt heute das ein, was morgen ist oder was ihn morgen trifft. Unser Verhalten ist entscheidend. Entweder wenden wir uns Gott zu und schaffen einen lichten, edlen

Charakter, ein lichtes Bild unseres Daseins, das sich dem göttlichen Ebenbild nähert, oder wir schaffen uns weiterhin unser egoistisches Bildnis, das sich als schlechter Charakter ausweist, sich bildhaft in Form und Gestalt darstellt und zeigt, wer der Mensch wirklich ist.

Wollen wir uns selbst erkennen, dann sollten wir in die vielen Spiegel sehen, mit denen wir täglich konfrontiert sind: unsere Mitmenschen und die vielen Situationen des Tages. Sie spiegeln unser göttliches Verhalten oder unsere Entsprechungen wider.

Wer beginnt, sich anhand des Gesetzes der Entsprechung in der Selbsterkenntnis zu üben, dem wird es vielfach ein wenig ungemütlich, denn es ist leichter, schlichtweg auf den Nächsten zu weisen und diesem alles Üble zuzusprechen und zuzuschreiben. Doch bald wird er merken, daß jeder nur über die Selbsterkenntnis frei werden kann – dank des Christus Gottes, der durch Seine Erlöserkraft unser Retter und Befreier ist.

Durch die Sünde schuf und schafft der Mensch seine individuelle Wahrnehmung. Er sieht und hört sich selbst

Wie schon dargelegt, ist jeder von uns der Erbauer seines eigenen Gesetzes und sein eigenes personifiziertes Gesetz. Jeder kann sich jedoch täglich zum Guten wandeln mit der Hilfe des Christus Gottes in uns. Wenden wir uns dem Christus-Gottes-Geist in uns zu, dann wird unser Charakter edler, unsere Sinne werden feiner, unsere Gedanken selbstloser, unsere Worte ehrlicher und unsere Taten mehr und mehr gottgewollt. Unser ganzes Sinnen und Trachten ist dann auf Aufrichtigkeit ausgerichtet. Dann werden wir gerecht, tolerant, wohlwollend, liebevoll. Unsere Sinne erfassen dann immer mehr das Positive, weil unser Sinnen und Trachten gottbewußter wird. Dann erfüllen wir auch die sinngemäßen Worte des Christus Gottes, die lauten: »Was du willst, daß die anderen dir tun, das tue du ihnen zuerst.«

Wenden wir uns von Gott, dem Gesetz der Liebe, ab, dann polen wir die Worte des Christus Gottes um, und wir sagen: »Die anderen sollen tun, was ich will. Dann will ich nachdenken, ob auch ich ihnen ein Quentchen ihres Willens erfülle.« Durch die Abkehr von Gott wirken unsere Sünden, also unsere Entsprechungen, immer mehr auf unsere Sinneswelt ein, die wiederum unseren Charakter prägt. Das geht wie folgt vor sich: Das innere Auge, welches das Walten der Gottheit schaut, wird von der Sünde überschattet. Durch die Sünde schuf und schafft sich der Mensch seine individuelle Wahrnehmung. Die Sünde sieht nur wieder sich selbst: die Sünde.

Wer z.B. seine begüterten Mitmenschen beneidet, prägt damit sein Sehorgan. Das Auge des Neides sieht immer nur wieder Begüterte, Menschen, die bessergestellt sind als er. Das bringt sogleich Emotionen und Gedanken mit sich. Der Betreffende sieht sich selbst als den Schon-immer-zu-kurz-Gekommenen, dem viele andere manches, ja alles Erstrebenswerte vorenthielten und vorenthalten.

Die Welt des Neidischen ist voll von Beneidenswerten. Er ist immer wieder erstaunt und empört, weil ihm durch seine Brille des Neides scheint: Die meisten haben mehr als er, und dies – so meint er – unverdientermaßen. Sind wir voller Neid, so sehen, so fühlen, so denken, so hören wir immer das, was uns der Neid eingibt.

Je öfter wir über den Begüterten nachdenken und den Neid fördern, um so zahlreicher werden dann auch die Assoziationen hin zu diesem Menschen sein. Die unzähligen Augenblicke, welche die Gedanken, Wünsche und

Gefühle hervorbringen, prägen unser Ober- und Unterbewußtsein und die Leinwand des Auges. Die eingegebenen Gedanken- und Wunschbilder werden vom Auge reflektiert. Das so geprägte Sehorgan ist dann unser individuelles Sehbild, das dann für uns die Realität ist. Die göttlichen Impulse der Liebe und des Tugendhaften werden von der Sünde, der Untugend des Neides, überschattet.

Der von Neid Geprägte hört z.B. den Begüterten reden. Was geschieht? Sein Sehorgan, das schon entsprechend programmiert ist, wirkt nun mit Bausteinen der Bilderprägung auf den Gehörsinn ein. Dadurch wird das Gehörte entsprechend vorgeprägt. Durch den Einfluß des Sehorgans denkt dann der Neidische: »Der hat gut reden! Er besitzt, was ich nicht habe. Er gestaltet sein Leben angenehm und läßt andere für sich arbeiten.« Er denkt weiter, etwa: »Seine Worte sind mir zuwider. Ich will ihn nicht hören und nicht sehen.« Was der vom Neid Geprägte vernimmt, entspricht den Bildern, die schon seine Sinne trüben. Bausteine bestimmter Bilder der Prägung des Sehorgans wirken also nun auf den Gehörsinn ein und programmieren ihn entsprechend.

So gerät der Mensch in eine Sackgasse seines Egos. Wir sehen nicht mehr klar. Durch das Sündhafte, das uns beherrscht, verlieren wir mehr und mehr den Bezug zur Realität. Um diesen und uns selbst wiederzufinden, sollten wir, anstatt dem Nächsten Vorwürfe zu machen, die Ursache unserer menschlichen Schwäche, unseres Neides, in uns finden, um sie zu bereinigen, nicht mehr zu tun und um statt dessen im Leben der göttlichen Gesetzmäßigkeiten die Stärke aufzubauen.

Die wechselseitige Prägung unserer Sinne und unseres Fühlens, Empfindens, Denkens, Redens und Tuns baut unsere Verhaltensmuster auf. Reaktionen führen zu Aktionen

In der ganzen Unendlichkeit gibt es nichts Statisches. So wirkt der Sehsinn auf den Gehörsinn ein und der Gehörsinn auf den Sehsinn; beide wirken auf den Geruchs-, Geschmacks- und Tastsinn ein, diese wiederum auf den Seh- und Gehörsinn. Durch das Bildmaterial der Sinne werden unsere Gefühle, unsere Gedanken, Worte und Handlungen, unsere Wünsche und Leidenschaften geprägt, die dann wieder auf das Bildmaterial unserer Sinne einwirken. So entsteht unsere kleine, persönliche Welt, unsere Ichwelt, die Wunschwelt, auch die Welt unserer Triebe und Leidenschaften sowie die Welt der Farben, Formen, Düfte und Klänge, die unserer Wesensart entspricht.

Es wurde gesagt, daß die Programme des Seh- und Gehörsinns auf den Geruchssinn einwirken. Durch die entsprechenden Bausteine des Bildmaterials unseres Seh- und Gehörsinns wird der Geruchssinn geprägt. Der Mensch wird sodann zu jenen Geruchsstoffen gelenkt, die den Steuerungsmechanismen des Seh- und Geruchssinns entsprechen. Der Mensch beginnt, bestimmte Düfte, Speisen und Getränke zu bevorzugen. Die bevorzugten Geruchsstoffe, die bevorzugten Speisen und Getränke und die daraus hervorgehenden Wünsche und Gedanken prägen wiederum den Geruchssinn. Diese verschiedenen Geruchsprogramme, die gleichzeitig Steuerungsmechanismen für die weiteren Sinne sind, haben ihren spezifischen Geruch, der über die Drüsen des Körpers ausgeschieden wird. Die für den Geruchssinn gespeicherten Programme und alle anderen Programmierungen bestimmen die Verhaltensmuster des Menschen, seinen Charakter und seinen Körpergeruch.

Viele kennen den abwertenden Ausspruch: »Den kann ich nicht riechen.« Wer tiefer in diese seine Aussage hineinfühlt, weiß, warum er seinen Nächsten nicht riechen kann, was er an seinem Nächsten auszusetzen hat. Der Körpergeruch des einen weckt beim anderen Entsprechungen, die über den Bereich des Seh- und Geruchssinnes angestoßen und aktiviert werden, deren Wurzeln jedoch in ganz anderen Bereichen liegen können. Die Worte »Den kann ich nicht riechen« enthalten für uns eine tiefere Bedeutung, über die uns unsere Gefühls- und Empfindungsebene Aufschluß geben kann. Wir müssen also unseren Ausspruch analysieren, um die Gründe, die Ursachen dafür zu finden, warum wir unseren Nächsten »nicht riechen können«, das heißt, ihn ablehnen.

Wir Menschen neigen dazu, über solche und ähnliche Gedanken hinwegzugehen, ohne uns der tieferen Bedeutung bewußt zu werden, also ohne uns Klarheit darüber zu verschaffen, was uns dies sagen möchte. Solange wir unsere Gemütsaufwallungen, unsere negativen Gedanken, Worte und Handlungen, die immer wieder zu Gemütsbewegungen führen, nicht analysieren, um die Gründe der Aufwallung zu finden – die wir dann auch mit der Hilfe des Christus Gottes in uns bereinigen und nicht mehr tun sollten –, programmieren wir unser Ober- und Unterbewußtsein und unsere Seele weiterhin mit unserem Fehlverhalten, das dann wiederum unser Verhalten und somit unseren Charakter prägt. Unser Verhalten – unsere sündhaften Programme also, die unsere Belastung sind – wird in einem vorgegebenen kosmischen Rhythmus von den Gestirnen, die unsere Speicherungen tragen, segmentweise angeregt, damit wir unser Fehlverhalten rechtzeitig bereinigen können, bevor es im und am Körper zur Auswirkung kommt.

Leben wir in den Tag hinein, ohne zu beachten, was uns der Tag aufzeigen möchte, dann wird eines Tages ein solches angeregtes Entsprechungs- gleich Sündensegment uns mit Krankheit, Leid, Sorge, Not und dergleichen zeichnen. Dann müssen wir ernten, was wir gesät haben.

Programmieren wir unsere Sinne, z.B. den Geruchs-, Geschmacks- und Tastsinn, mit weiterem Fehlverhalten, so wird diese Neuprogrammierung von den bereits vorhandenen Programmen unserer Sinne, unserer Denk-, Rede- und Handlungsweisen wie auch unserer Leidenschaften und Sehnsüchte beeinflußt. Die Prägung eines Sinnes zieht also weitere Programmierungen und Prägungen nach sich.

Wohl ist jeder Mensch ein Computer, doch jeder Computer Mensch hat seine spezifischen Programme. Wir Menschen wählen für eine Sache vielfach die gleichen Worte, doch jeder meint damit oftmals etwas anderes. Wir haben wohl unseren Wortschatz, doch jeder füllt das Wort, die Hülse, mit seinem Charakter, seinen Verhaltensmustern, seinen Sehnsüchten und Leidenschaften, die mit unseren fünf Sinnen in engster Kommunikation stehen.

Je nach Programmierung bevorzugt der eine diese Nahrung und jenen Duft, der andere wieder eine andere Speise und einen anderen Duft. Nehmen zehn Menschen die gleiche Nahrung und das gleiche Getränk zu sich, so wird jeder einzelne daraus seine programmierten Geschmacks- und Duftnuancen herausspüren. Befragt man den einzelnen bezüglich der Speise und des Duftes, dann wird jeder einen anderen Kommentar geben, entsprechend seiner Programmierung. Auch dann, wenn zwei Menschen die gleichen Aussagen über den Geschmack einer Nahrung oder den Duft einer Speise machen, meint jeder doch etwas anderes, weil wir – entsprechend unseren schon vorhandenen Eingaben – unserem Wort andere Gedanken und Gefühle mitgeben.

Auch der Tastsinn wird von den schon vorhandenen Programmen des Seh-, Gehör-, Geruchs- und Geschmackssinns, aber auch von unserer Gefühls-, Denk- und Wortwelt gesteuert. Der Tastsinn programmiert sich zusätzlich über das, was wir betasten, denn an allen Gegenständen haften unzählige Schwingungen. Wenn eine oder mehrere dieser Schwingungen unseren Eingaben, den Entsprechungen, gleichen, dann treten wir damit in Kommunikation. Durch diese Kommunikation können über unseren Tastsinn Gefühle oder Gedanken geweckt werden, die jenen Schwingungen entsprechen, die an dem von uns betasteten Gegenstand haften. Diese nehmen Einfluß auf unseren Tastsinn; wir programmieren ihn damit.

Jeder von uns betastet tagtäglich die verschiedensten Gegenstände und nimmt die unterschiedlichsten Dinge in die Hand. Wir begrüßen uns vielfach durch Handschlag. Wir fassen die Klinke einer Tür, um sie zu öffnen; wir drücken auf den Klingelknopf; wir nehmen Geldstücke und Geldscheine in die Hand, die mit den Schwingungen sehr vieler und unterschiedlicher Charaktere behaftet sind.

Überall haften unzählige Schwingungen, und jene, die unserer Programmwelt entsprechen, nehmen wir vielfach über den Tastsinn auf. Auf diesem Weg, über die unmittelbare Anregung unseres Tastsinnes, können wieder Aspekte aus Programmen anderer Sinne aktiv werden, die dann auf unsere Gefühle, auf unser Denken, Sprechen und Handeln, auf unsere Wünsche und Sehnsüchte Einfluß nehmen.

Wir erkennen: In einem großen Kommunikationsnetz ist alles miteinander verbunden und verwoben, so daß unter Umständen *eine* Duftnuance oder *ein* Gedanke große Teile dieses Kommunikationsnetzes zum Schwingen bringt und gleiche und ähnliche Entsprechungsaspekte in anderen Sinnesorganen oder in einem Gedankenprogramm oder in einer Gefühlsprogrammierung aktiv werden läßt. Diese Reaktionen werden dann in unserem Oberbewußtsein zu Aktionen. Wir beginnen, uns entsprechend zu verhalten. Wir werden dann auch entsprechend handeln und unter Umständen das oder jenes tun, das wir bisher nicht für möglich gehalten hatten.

Das Charakterbild des Besserwissers. Wer Meinungen und Vorstellungen eines anderen aufnimmt, wird ein Teil von diesem; beide sind gebunden

Jedes Programm unserer Sinnes-, Gefühls- und Denkwelt hat unzählige Bilder. Jeder Aspekt des einzelnen Bildes sendet, beeinflußt und steuert uns.

Wir hatten schon das Beispiel des Neides. Der Neid hat unterschiedliche Varianten und Abarten. Der Neidische ist im weiteren Sinne ein Mensch, der rafft und giert, der alles an sich reißen möchte, was seinem Seh- und Tastsinn entspricht. So ungestüm, wie er sich gebärdet, greift er auch zu. Er will alles betasten, alles erproben, alles an sich ziehen. Er ist vielfach auch der Ansicht, alles besser zu wissen. So will er alles befühlen, um es nach dem Maßstab seiner Sinnesprogramme zu beurteilen. Auf diese Weise wendet er sich von der inneren Wahrnehmung ab und schafft immer mehr Entsprechungen, seine persönlichen Gesetzmäßigkeiten.

Jeder Besserwisser ist darauf bedacht, daß der andere seine Meinung akzeptiert und die Dinge auch so sieht wie er. Merkt der Besserwisser, daß der andere ihm zuhört, dann umgarnt und umschmeichelt er diesen oftmals mit Worten. Auf diese Weise versucht er, bewußt oder unbewußt, dem Nächsten seine Meinung zu suggerieren. Ist der Zuhörer labil, hat er wenig Standfestigkeit, dann läßt er sich von dem Lautstarken beeinflussen. Dann wird dessen Maßstab zu seinem Maßstab. Das ist dann die Projektion aus den Entsprechungen des anderen.

Noch einmal sei gesagt: Wer die Meinungen und Vorstellungen, die Wunschwelt und Egozentrik seines Nächsten aufnimmt, der wird ein Teil von diesem. Die Aspekte, die projiziert wurden, wirken dann auch in dem, der sich den Maßstab des Besserwissers eingeben ließ.

Das gleiche gilt dann, wenn Menschen bewußt anderen Menschen Gedanken übertragen oder sie zu Taten anregen wollen. Auch Seelen können telepathisch auf Menschen Einfluß nehmen, dann, wenn im Menschen Entsprechungsprogramme vorliegen, die denen der erdgebundenen Seele gleichen.

Der Mensch lebt so lange im Kessel der vielseitigen Beeinflussung, bis er mit Christus das dampfende und brodelnde Gefäß egoistischen Verhaltens verläßt, in dem es nur heißt: Dieser ist schlecht, ich bin gut. Dieser ist der Übeltäter, ich bin der Schuldlose, der unter diesem zu leiden hat. Dieser ist der Intolerante, ich bin der Tolerante, dessen Freiheit beschnitten wird. Dieser ist der Falsche, ich bin der Ehrliche, dessen Aufrichtigkeit so schlecht gelohnt wird. Dieser soll dieses für mich tun und jenes für mich erlangen. Dieser soll mich auf der Leiter des Erfolges emporheben, und dieser soll für mich die Schmutzarbeit tun. Dieser ist der Bösewicht; dieser, dieser, dieser – und ich der Lautere, dem mancherlei Unrecht widerfährt ...

Machen wir uns erneut bewußt: Durch die Übertragung der Entsprechungen, durch die Suggestion, gleich Projektion, und durch Telepathie wird der Hörige in den ihm eingepflanzten Aspekten zu einem Teil des anderen und der andere zu einem Teil von ihm im Gesetz von Ursache und Wirkung, von Saat und Ernte.

Diese Fäden werden viel häufiger geknüpft, als uns bewußt ist. Überall dort, wo wir »eigentlich« anderer Ansicht sind, aber dennoch ja sagen; dort, wo wir unseren »gesunden Verstand« ausschalten oder gar unser Gewissen zum Schweigen bringen, um das glauben und für gut heißen zu können, was andere uns vorsetzen; dort, wo wir um des lieben Friedens willen sagen oder tun, was wir von uns aus nicht sagen oder tun würden – überall dort sollten wir sehr wachsam sein und uns fragen, warum wir so handeln. Eine Hilfe zur Neuorientierung werden wir in den Zehn Geboten, in den Lehren der Bergpredigt finden und in den göttlichen Prinzipien Gleichheit, Freiheit, Einheit, Brüderlichkeit und Gerechtigkeit.

Verläuft die Projektion gegenseitig, indem der eine in den anderen und der andere in den einen Teile seiner Entsprechungen einpflanzt, dann werden im Laufe der Zeit auch die Gene beider dadurch beeinflußt. Durch diese annähernde Gleichschaltung haften beide wie Kletten aneinander. Sie sind gebunden. Bezüglich weiterer Inkarnationen bedeutet dies: Sie kommen immer wieder zusammen, weil Gleiches und Ähnliches sie bindet. Dieses ist z.B. in vielen Partnerschaften auf dieser Erde der Fall, doch nicht nur dort. Projektionen, Abhängigkeiten, Anlehnung und dergleichen sind weit verbreitet. Solange wir uns noch im Dickicht unseres Egos befinden, werden wir kaum sagen können, wir seien frei.

Jeder Mensch hat Anteil an der Zerstörung der Erde, der Naturreiche und der Atmosphäre; er wird die Folgen zu tragen haben

Bevor wir uns den Reichen der Natur zuwenden, fassen wir die Gesetzmäßigkeiten und Abläufe noch einmal kurz zusammen:

Durch unser Gehirn jagen jeden Augenblick unzählige Gefühle und Gedanken. Die meisten kommen aus den eigenen Programmen. Mit dem Sendepotential unserer Programme wirken wir auch auf unsere Umwelt ein und rufen von dort wiederum das ab, was uns gleicht, was uns entspricht.

Die Aspekte der Energien, die wir durch unser Senden in die Umwelt angeregt haben, formieren sich in unserem Oberbewußtsein zu Gefühlen und Gedanken. Bewegen wir diese Gedanken längere Zeit, dann potenzieren sie sich und vergrößern unser Sendepotential. Auf diese Weise erweitern wir die Welt der Programme unserer Sende- und Empfangsstation. Jeden Augenblick können wir auf unsere Programme Einfluß nehmen, sie vergrößern und verstärken oder aber Schritt für Schritt umwandeln, indem wir unser Negatives, unser Sündhaftes, mit der Hilfe des Christus Gottes bereuen, bereinigen und nicht mehr tun. Jegliche Veränderung, sowohl im Positiven als auch im Negativen, wirkt sich in und an uns aus und auch in den Gestirnen, in denen unsere Programme gespeichert sind.

Jeder von uns ist vielfach registriert. Diese Eingaben sind beständig in Aktion, weil wir in den Augenblicken unserer Tage viele Sinneseindrücke haben, woraus sich wieder unzählige Empfindungen und Gedanken ergeben, welche die Speicherungen beständig in Bewegung halten, sowohl im Positiven als auch im Negativen. Mit unseren persönlichen Programmierungen, also mit unseren Entsprechungen, die unsere persönlichen Gesetzmäßigkeiten sind, wirken wir auch auf unsere Umwelt ein, z.B. auf die Naturreiche, die wir nach unserem Maßstab, nach unseren Vorstellungen verändern.

In gleicher Weise, wie wir im Kleinen auf unsere Nächsten Einfluß nehmen, so wirken wir auch im Großen. Die Masse der Menschen mit gleichen und ähnlichen Programmen versucht, alle und alles ihrem Wertmaß unterzuordnen. Damit nehmen sie auch auf die Naturreiche Einfluß und verändern diese, u.a. durch Kreuzung von Tieren, durch die Art der Tierhaltung, bei der der Mensch bestimmt, wie die Tiere zu leben und sich zu verhalten haben, durch »Veredelung« der Pflanzen und nun auch durch die Genveränderungen in Pflanzen, Tieren und Menschen. Alles soll nach dem

Gutdünken des Menschen geschehen, der in dem Wahn befangen ist, Herr über die Schöpfung zu sein. Doch: Der Mensch kann wohl die äußere, die materielle Form der Naturreiche verändern und mit seiner Wertvorstellung auf die irdische Tier-, Pflanzen- und Mineralwelt Einfluß nehmen, er kann die Tiere unterjochen, quälen und ihnen seinen Willen aufzwingen; in die kosmischen Abläufe hingegen, in welche auch die Naturreiche – in ihrem Kern, ihrer inwendigen Struktur, die geistig ist – einbezogen sind, kann er seine Wert- und Maßvorstellungen nicht eingeben; er kann auch die geistigen Kollektive der Pflanzen und die Teilseelenströme der Tiere nicht beeinflussen.

Was der einzelne Mensch den Naturreichen antut, das geht in seine sündhafte Programmwelt ein und damit auch in seine Speicherungen im materiellen Kosmos und in den Reinigungsebenen. Die brutalen Eingriffe in die Naturreiche prägen mit den Charakter des Menschen und zeichnen seinen Körper.

Vielfach scheint es, als würde die Natur sich den Menschen unterordnen. Doch das täuscht. Ist das Maß der Quälerei und Ausbeutung voll, dann wehrt sich die Natur, weil sie die Programme des menschlichen Egos nicht als ihre Lebensqualität übernimmt. Sie läßt sich auf Dauer nicht manipulieren, also nicht programmieren. Sie ist weder Subjekt noch Objekt. Sie ist Gottes Schöpfung.

Viele Menschen glauben nicht an das Gesetz von Saat und Ernte. Sie sind der Ansicht, wenn sie dieses Gesetz nicht akzeptierten, dann sei es auch nicht existent.

Widerfährt uns Übles, sagen wir häufig: »Daran ist der andere schuld.« Nach der christlichen Lehre heißt es jedoch: »Was siehst du aber den Splitter in deines Bruders Auge und nimmst nicht wahr den Balken in deinem Auge?« – Wir wollen also selten unseren Anteil an dem Geschehen ansehen und analysieren. Allzugern geben wir dem Zufall, dem »anderen« oder Gott die Schuld.

Betrachten und analysieren wir den Zustand unserer Erde, dann sagen wir – und das zu Recht: Die Natur ist deshalb weitgehend zerstört, weil der Mensch sich gegen die Gesetze der Natur verhält.

Mit Methoden, die den Naturreichen widerstreben, greift der Mensch in den Ablauf der Natur und der Elemente ein. Denken wir z.B. an die vielen Schadstoffe, welche die Lunge der Erde, die Wälder, zerstören, so stellt sich uns die Frage: Womit soll die Erde atmen, und wie soll sie den Menschen mit sauerstoffreicher Luft versorgen? Wer soll die Schadstoffe aufnehmen und umwandeln, wenn dies den Wäldern nicht mehr möglich ist?

Die Regulierung der Flußläufe, das Bepflastern von Grünfläche und weiteres mehr sind Eingriffe in die Natur, durch die u.a. der Kreislauf des Organismus Erde, welchen die Gewässer bilden, gestört wird. Auch die Atmosphäre bietet der Erde kaum mehr Schutz, da sie durch die Ursachen des Menschen weitgehend zerstört ist. Im Falle dieser globalen Vergehen und ihrer Folgen sind doch viele einsichtig, z.B. in der sinngemäßen Aussage: Was die Menschheit verursacht, was sie der Natur angetan hat, das wird die Menschheit auch wieder treffen. – Etliche erkennen auch: Jeder Mensch, also jeder von uns, trug oder trägt zur Zerstörung der Erde und auch der Atmosphäre bei und wird die Folgen seines Anteils zu tragen haben.

Bezüglich der Naturreiche ist also Einsicht in die Gesetzmäßigkeiten des Kausalgesetzes vorhanden. In unserem persönlichen Leben sind wir meist nicht in demselben Maße bereit, das Gesetz von Ursache und Wirkung, von Saat und Ernte, zu akzeptieren und in den Wirkungen unsere eigenen Ursachen zu erkennen. Erfahren wir nämlich, daß unsere persönlichen Ursachen auch unsere persönlichen Wirkungen zeitigen, dann schreien wir vielfach auf und empören uns: »Das kann nicht sein!« Wir wollen nicht wahrhaben, daß wir z.B. an unserer Krankheit selbst schuld sein sollten, daß unserem Leid eigenes Fehlverhalten zugrunde liegt oder daß, wenn in unserer Familie ein Schicksalsschlag eintritt, auch wir einen Teil mit verursacht haben.

Woran liegt das? Es liegt zur Hauptsache daran, daß das Wissen um das Gesetz von Saat und Ernte und um die Reinkarnation seit mehr als 14 Jahrhunderten aus dem christlichen Glaubens- und Gedankengut verbannt worden ist.

Das Maß ist voll. Reinkarnation - der Schlüssel zum Gesetz von Saat und Ernte

Wenden wir uns noch einmal den Naturreichen zu. Die Schändung der Natur vollzog sich über Generationen hinweg. Bis vor wenigen Jahren schien es, als sei die Natur gesund. Jetzt erleben wir – gleichsam aus heiterem Himmel –, daß das Maß voll ist. Die Natur bringt jetzt als Ernte das hervor, was Generationen gesät, also der Natur angetan haben.

Ähnlich vollzieht es sich bei uns Menschen. Unsere Saat kann Generationen zurückliegen. Was wir davon bisher nicht bereinigt haben, kann jetzt, in dieser Einverleibung, wirksam werden.

So mancher wird sagen: »Reinkarnation, daran glaube ich nicht.« Für immer mehr Menschen ist jedoch die Reinkarnation unter anderem der Schlüssel zur Welt ihrer Entsprechungen, zu ihrer Saat. Daraus ergibt sich die

Einsicht, daß nicht Gott, die Liebe, uns die Krankheit, die Not oder das Schicksal sendet, sondern daß wir das Korn, die Saat, ernten, die wir selbst in unseren Seelenacker eingebracht haben.

Wir Menschen weisen sehr schnell unserem Nächsten die Schuld an unserem Übel zu. Glauben wir jedoch an das Kausalgesetz, an das Gesetz von Saat und Ernte, dann erhebt sich früher oder später die Frage: Wann habe ich das gesät? Ich kann mich nicht erinnern, in diesem Leben dieses oder jenes gedacht, gesprochen oder getan zu haben, das zu diesem Schicksalsschlag oder zu dieser Krankheit geführt haben könnte. – Betrachten wir jedoch die Aussage »Was der Mensch sät, das wird er ernten«, dann ergibt sich folgerichtig: Irgendwann muß diese Saat von uns in unsere Seele eingebracht worden sein, die heute, in diesem Leben, als Krankheit, Leid, Schicksalsschlag oder anderes mehr aufgeht.

Von Christus, unserem Erlöser, wissen wir durch Seine göttlich-prophetische Offenbarung, daß es für die Seele in den Reinigungsebenen ausschließlich die Abtragung der Schuld gibt. Auf der Erde, wo die Seele einen Körper besitzt, kann der Mensch seine Schuld in seiner Welt der Gedanken und Gefühle rechtzeitig erkennen; er kann bereuen, bereinigen und das Sündhafte nicht mehr tun. Lassen wir unser Gewissen außer acht und nützen die Tagesenergie nicht, dann geht möglicherweise in diesem Leben ein Teil von der Saat auf, die wir in Vorinkarnationen gesät haben. Wir ernten also.

Infolgedessen ist die Erde, die Erdenschule Gottes für Seine gefallenen Kinder, eine Abtragungs- und Bewährungsstätte. Wenn wir genau hinsehen, dann erkennen wir: In den Reinigungsebenen gibt es ausschließlich Abtragung; auf der Erde, in der Erdenschule, gibt es Abtragung und rechtzeitige Bereinigung. Daraus folgt, daß die Gewährung der Reinkarnation ein Gnadenakt Gottes ist, denn die Seele kann wiederkommen, um mit der Hilfe des Christus Gottes das zu bereinigen, was sie sonst im Jenseits abtragen müßte.

Die Reinkarnation ist eine überaus logische Gesetzmäßigkeit im Gesetz von Saat und Ernte. Sie bringt uns den Schlüssel dafür, warum ein Kind krank, ein anderes gesund geboren wird, warum der eine Mensch dieses und ein anderer jenes Leid hat, warum dem einen Menschen ein schweres Schicksal widerfährt und der andere einigermaßen gut durch dieses irdische Dasein kommt. Die Reinkarnation ist urchristliche Lehre und somit die Lehre des Jesus von Nazareth, auch wenn in der Bibel nur noch wenige Spuren darauf verweisen.

Als die Reinkarnation zur Erklärung unserer unterschiedlichen Lebensumstände und -schicksale nicht mehr herangezogen werden konnte, blieben viele Fragen unbeantwortet. An die Stelle plausibler, logischer Wahrheit setzte man nun die »Geheimnisse Gottes«.

Wollen wir uns noch kurz in die »Geheimnisse Gottes« vertiefen, die nichts anderes sind als die Ausrede der Institutionen Kirche. Machen wir uns bewußt: Hätte Gott vor uns ein Geheimnis, dann wäre Er unvollkommen, wie auch wir Menschen unvollkommen sind. Was darf Er Seinen Kindern nicht sagen? Was dürfen sie nicht wissen? Was müssen sie einfach glauben? Hierauf geben uns die Institutionen Kirche keine Antwort. Doch Jesus, der Christus, gibt uns die Antwort, denn Er sprach sinngemäß: »Trachtet zuerst nach dem Reich Gottes, alles andere wird euch hinzugegeben.«

Jesus offenbarte uns damit, daß wir Erben des Reiches Gottes sind und nicht nur Teilerben des ewigen Reiches, denn Er sprach: »Das Reich Gottes ist inwendig in euch.« Hätte Gott uns als reinen Wesen nur Teile Seines Reiches zukommen lassen, dann hätte Er den anderen Teil für sich behalten, und dieser wäre dann Sein Geheimnis. Doch Gott hat jedem Seiner Kinder die Essenz und das Licht des gesamten göttlichen Reiches gegeben. Mit unseren Worten gesprochen: Er hat keinen Winkel für sich ausgespart; Er hat uns nichts vorenthalten.

Ist jedoch das Königreich des Inneren mit der Sünde verschattet, so daß der Mensch keinen Zugang mehr zu diesem Inneren Reich hat – es sei denn, er löst die Sünden, die Schatten, mit der Hilfe Christi –, dann werden in die dunklen Flecken, die das Licht des Reiches Gottes in ihm selbst abdecken, die »Geheimnisse Gottes« hineingeheimnißt. Gott hat keine Geheimnisse vor Seinen Kindern, auch dann nicht, wenn es die Institutionen Kirchen anders meinen. Sie haben schon vieles behauptet, das sich schließlich als bloße Meinung erwies, wie z.B. daß sich die Sonne um die Erde drehe.

Drehen wir uns um die Sonne Christus, dann brauchen wir nicht die Meinung der Institutionen Kirche, denn dann geht uns das Licht auf. Die Logik der Reinkarnation läßt uns erkennen, daß Gott keine Geheimnisse hat.

Auch das Gesetz von Saat und Ernte ist von überzeugender Logik. Da wir seit vielen Jahrhunderten hilflos unter dem Joch der »Geheimnisse« dahinvegetiert sind, müssen wir uns vielfach erst mit diesen fundamentalen Gesetzmäßigkeiten, die unser Erdenleben bestimmen, die so einfach wie genial sind, vertraut machen.

Ein Bild: Würden wir in unseren Acker Weizen säen, und ein anderer würde die reife Frucht ernten – was würden wir sagen? »Hallo, das ist mein Acker, das ist mein Weizen! Ich habe ihn gesät.« Doch wenn es um unsere sündhafte Saat geht, die wir in unseren Seelenacker eingebracht haben, dann ereifern wir uns oftmals und sagen: »Das ist die Saat meines Nächsten. Das ist die Schuld meines Mannes, meiner Frau, meiner Kinder, die Schuld meiner Eltern, meiner Verwandten« – oder gar: »Gott ist der Schuldige, Gott liebt mich nicht; Er ist lieblos.«

Wir Menschen sind noch vielfach unlogisch. Sobald wir uns aber ein wenig selbst beobachten und unsere Denk- und Verhaltensmuster analysieren, statt immer unsere Mitmenschen durch die Lupe unserer Programme zu betrachten, sie zu beurteilen und sie vielfach als die Schuldigen zu verurteilen, werden wir feststellen, daß das Gesetz von Saat und Ernte wirksam ist und daß wir mit dem Gesetz der Entsprechung uns selbst und andere zu durchschauen und auch die Fessel mancher – z.T. viele Jahrhunderte alter – Projektion und Manipulation abzustreifen vermögen.

Kräfte, die wir durch unser Denken und Leben aussenden, kommen zur Wirkung in unserem Schicksal

Machen wir uns noch einmal bewußt:

Was würden wir sagen, wenn einer unserer Bekannten behaupten würde, ein Saatkorn könne für das andere Saatkorn aufgehen und dessen Früchte tragen? Wir würden dies als Unsinn und als indiskutabel bezeichnen. Denn für jeden von uns ist es ganz klar, daß kein Saatkorn für das andere Saatkorn aufgehen und Früchte tragen kann. Wir können jedoch einiges aus unserer schlechten Saat in den Acker des anderen einbringen, wenn dafür der Boden bereitet ist. Wenn dann gesagt wird, daß ein Mensch, der einen anderen beeinflußt hat, Schuld an dessen Schicksal trägt, dann wird jedoch derjenige, der das behauptet, mitleidig belächelt, denn viele sind der Meinung, daß sie keine Schuld an Krankheit, Not und Schicksal ihres Nächsten hätten. Sie glauben, keinem anderen etwas angetan zu haben.

Wirklich nicht? Fragen wir uns:

Waren und sind wir mit unseren Gedanken gegenüber unseren Mitmenschen immer lauter?

Waren und sind unsere Gedanken und Worte feinfühlig gegenüber unseren Nächsten?

Nehmen wir auf keinen anderen Einfluß, indem wir ihn bestimmen, daß er für uns das und jenes tun soll, obwohl wir selbst es ausführen könnten?

Übten und üben wir nicht Druck auf bestimmte Menschen aus, unseren Willen zu erfüllen, auch dann, wenn diese es nicht wollen?

Wie oft haben wir – gegenüber Dritten oder in Gedanken – einzelne unserer Nächsten als einfältig, dumm oder unfähig bezeichnet?

Haben wir noch nie gehaßt oder anderen dies oder jenes geneidet? Haben wir noch nie heuchlerisch geredet?

Haben wir uns noch nie mit anderen gestritten oder mit anderen in Feindschaft gelebt?

Haben wir noch nie einzelne unserer Mitmenschen abgewertet und vielleicht so manchen unterjocht?

Haben wir unsere Eifersucht gegenüber Mitmenschen bezähmt?

Haben wir noch nie scheinbar positiv gesprochen und negativ gedacht, waren wir also noch nie scheinheilig?

Wie oft war uns unser Nächster gleichgültig?

Der Leser wird sagen: »Wer tut das nicht!« Das ist richtig! Kein Mensch ist vollkommen, doch jeder von uns weiß um die Gebote Gottes, die besagen: Du sollst deinen Nächsten lieben, ihm also auch in Gedanken nichts Unliebsames, gleich Übles, wünschen. – Die Ausrede könnte ebenfalls sein: »Man darf nicht alles so genau nehmen. Andere sagen und tun noch viel Übleres, und ihnen geht es blendend!«

Ja, viele sind von der falschen Sonne des Ehrgeizes, des Neides, des Hasses, der Ausbeutung, des Einwirkens auf andere bis hin zum Wunsch des Tötens geblendet – und es geht ihnen blendend. Scheint die Sonne des Egos jedoch nicht mehr, weil die Wolken der Ursachen heranziehen und das abregnen, woraus sie bestehen, dann sind wir darüber entsetzt, weil wir der Ansicht sind, daß wir solches und ähnliches wie das, was uns trifft, nicht verursacht und schon gar nicht unserem Nächsten zugefügt haben.

Aus der Physik wissen wir, daß keine Energie verlorengeht. Unsere Gefühle, Empfindungen, Gedanken, Worte und Handlungen, auch Haß, Neid, Feindschaft, Streit und weiteres mehr sind Energien, die sich nicht auflösen. Die Kräfte, die wir ausgesendet haben, brauen sich früher oder später – Gewitterwolken gleich – zusammen. Das heißt, daß sich aus unseren Speicherungen in den Gestirnen gleiche und ähnliche Eingaben schwingungsmäßig zusammenfügen, über unsere Seele, in der Gleiches oder Ähnliches aufgezeigt ist, wirksam werden und sich in und an unserem Körper oder auf unsere unmittelbare Umgebung auswirken. Dann erfahren wir die Wirkung unserer Ursachen, unserer Saat. Es geht also unser Saatkorn auf, und nicht das eines anderen.

Ist Gott gerecht?

Immer wieder kommt, wie schon erwähnt, der Einwand, daß es Menschen gibt, die ihr ganzes Leben lang bitterböse waren. Sie haben ihre Mitmenschen ausgenützt und ausgebeutet, ließen kein gutes Haar an ihren Nächsten – und doch ging es ihnen gut. Sie wurden alt, und in der Stunde ihres Todes schliefen sie ruhig ein. Im Schlaf gingen sie also hinüber in eine andere Welt. Hingegen gibt es Menschen, die ihr Leben lang fürsorglich und kameradschaftlich waren, die sich sicherlich mit solcher Schuld nicht belastet haben, dennoch von Krankheit geplagt und von Schicksalsschlägen heimgesucht werden. Und manchmal ist ihnen zur Stunde des Leibestodes ein schwerer Kampf beschieden.

Wie zutreffend ist wohl eine Aussage wie: »Dieser fürsorgliche und hilfsbereite Mensch hat sich keine solche Schuld aufgeladen.«? Wissen wir es? Können wir die Gedanken unseres Mitmenschen lesen? Können wir in seine Seele blicken? Haben wir Einblick in seine Vorinkarnationen?

Wo nicht gesät wurde, dort ist auch keine Ernte zu erwarten. Trifft uns ein Schicksal, so wird dadurch zum einen offenbar, daß wir etwas verursacht, also gesät haben. Zum anderen können wir aus der Art und den Umständen dessen, was sich ereignet, erkennen, welcher Art unsere Verfehlung gewesen ist. Wir finden Aufschluß darüber in unserer Gedanken- und Gefühlswelt.

Wissen wir nicht um die Reinkarnation und um das Gesetz von Saat und Ernte, so vermögen wir die Wechselfälle unseres Lebens nicht zu deuten und ziehen falsche Schlüsse. Dann bleiben wir an der Oberfläche des Geschehens haften, vergleichen, werten, und nicht selten urteilen wir. Wir sehen den einen, der seine Nächsten ausnützte und ausbeutete, dem es bis zum letzten Atemzug gut ging, und den anderen, den wir als freundlichen Menschen erlebt hatten, der Krankheit und Leid erdulden mußte. Dann stellen wir eventuell die Frage: Ist Gott ein gerechter Gott? – Aus Unwissenheit klagen viele Gott an, weil Er scheinbar ungerecht und nach Willkür austeilt, Menschen entweder arm oder reich, entweder krank oder gesund und glücklich macht.

Wenden wir uns noch einmal der Aussage »Reinkarnation« zu. Würden wir uns mit dieser näher befassen, dann könnten wir allmählich verstehen, warum bei jedem Menschen unterschiedliche Situationen und Gegebenheiten des Lebens auftreten. Das Wissen um die Reinkarnation hilft uns, den gerechten Ausgleich zu erkennen, der im Gesetz von Saat und Ernte begründet ist. Durch die Wiederverkörperung, also durch das erneute Kommen in das Fleisch, wird uns erst der Sinn des Lebens bewußt, auch, daß die Eingaben des einen heute zur Wirkung kommen, die des anderen erst morgen.

Wer die Reinkarnation als Folge des Ausgleichsgesetzes anerkennt – »Was der Mensch sät, wird er ernten« –, der erkennt auch darin die Gerechtigkeit Gottes, der keines Seiner Kinder bevorzugt oder benachteiligt. Gott hat in Seinem Gesetz weder Trübsal noch Krankheit noch Not. Gottes Gesetz der immer gebenden Liebe lautet für uns: »Liebe Gott von ganzem Herzen, mit deiner ganzen Seele, mit all deinen Kräften, und deinen Nächsten wie dich selbst.«

Hat also Gott in Seinem Gesetz der Liebe weder Trübsal noch Krankheit noch Not, so kann Er sie auch nicht zuteilen, denn woher soll Er sie nehmen, wenn Er sie nicht besitzt? Warum sollte Gott, der die unendliche Liebe ist, Seinen Kindern Strafen auferlegen, wenn Er ihnen den freien Willen zur freien Entscheidung gegeben hat, für oder gegen Ihn? Als Folge der freien Willensentscheidung trägt jeder das, was er sät.

Unsere Leiden – gleich, in welchem Gewand sie auftreten – haben wir selbst verursacht durch die Summe unseres negativen Agierens. Im Speicher des Ober- und Unterbewußtseins, der Seele sowie in den beiden Kosmen, dem

Kosmos der Materie und dem Kosmos der Reinigungsebenen, sind unsere Eingaben, mit denen wir beständig kommunizieren, das heißt im Prinzip des Sendens und Empfangens im Austausch stehen. Wird ein Teil unserer Speicherungen aktiv und drängen diese zur Wirkung, dann werden wir sie als Mensch erleiden. Ist unsere Seele in den Seelenreichen, dann können uns diese aktiven Eingaben zur Inkarnation leiten, sofern wir als Mensch Sündhaftes bereinigen wollen.

Wer sich mit dem Gesetz der Reinkarnation befaßt, der weiß, daß jede Ursache ihre Wirkung hat und daß jede Ursache früher oder später in diesem oder in anderen Leben oder in den Stätten der Reinigung abgetragen werden muß – außer wir erkennen sie rechtzeitig und bereinigen sie.

Der Tag spricht zu uns. Er zeigt uns Teile unserer Eingaben auf, die wir bereinigen können. Wünsche im Ego-Willen kehren sich um

Das Gesetz der Entsprechung, woraus sich die Projektion ergeben kann, ist uns Hilfe, rechtzeitig und schrittweise unsere Ursachen zu erkennen und diese mit der Erlöserkraft des Christus Gottes zu bereuen, zu bereinigen und das Sündhafte nicht mehr zu tun. Das ist der christliche Weg. Er ist einfach und schlicht.

Christus weist uns den unmittelbaren Weg in die Freiheit, in das Glück, in die Gesundheit, in den Frieden und führt uns so in die Gottnähe. Der Weg heißt: Erkenne deine Sünden, bereue sie von ganzem Herzen, bereinige sie mit der Hilfe des Christus, der in dir wohnt, bitte um Vergebung, vergib auch deinem Nächsten, der sich gegen dich versündigt hat, mache soweit gut, wie es noch gutzumachen ist, und tue diese Sünde nicht mehr. Das ist die zentrale Lehre des Jesus, des Christus, in Seiner Bergpredigt.

Folgen wir dieser schlichten Lehre, so ändert sich, Schritt für Schritt, vieles. Es ändert sich unser Verhalten; unsere Gedanken kreisen nicht mehr um unsere eigenen Belange, wir werden selbstloser; Tatkraft und Lebensfreude nehmen zu; es fällt uns immer leichter, das noch bestehende niedere Menschliche abzulegen; wir fühlen uns Gott und Christus näher; Dankbarkeit und Freude ziehen ein; unser Bewußtsein weitet sich. So reifen wir hinein in die Erfüllung des hohen Liebegebotes, bis wir – gleich den reinen Wesen der Himmel – sprechen können: »Gott, mein Vater, ich liebe Dich von ganzem Herzen, mit allen meinen Kräften, die Du, Ewiger, in mich gelegt hast. Meine Seele ist erfüllt von Deinem Licht. Mein Bruder, meine Schwester im Erdenkleid sind mir nahe; sie sind ein Teil von mir. Vater, wir danken Dir für Deine Güte.«

Das ist der Weg ins Vaterhaus.

Was Menschen erdachten, Philosophien, Riten, Kulte, Sakramente, Dogmen, Lehrgebäude unterschiedlichster Art, die sogenannten »Traditionen«, Institutionen mit Höhergestellten wie Pfarrern und Priestern, Exzellenzen und Gurus – das alles sind Abwege und nicht die Lehre des Jesus von Nazareth, der Gottesweg.

Jeder Tag, jede Stunde, jede Minute, jede Sekunde, ja sogar jeder Augenblick ist uns Hilfe auf unserem Weg. Die Bausteine unserer Erdentage geben uns vielfach die Möglichkeit, Aspekte unserer Sünden, also unserer Entsprechungen, die zu unserer Programmwelt wurden, zu erkennen und zu bereinigen, also zu tilgen.

Immer dann, wenn wir uns erregen, wenn uns die Röte ins Gesicht steigt, wenn wir empört mit Worten oder Gesten zurückschlagen oder in Gedanken unsere Mitmenschen beschimpfen, sie abwerten, sie hassen, ihnen dieses oder jenes neiden, spricht der Tag zu uns. Er weist uns auf Teile unserer Eingaben hin. Fäden unseres Netzes vibrieren und zeigen uns, die wir uns einer Spinne gleich eingesponnen haben, auf, daß dort eine sündhafte Eingabe vorliegt.

Leben wir im Tag, das heißt, sind wir konzentriert und auf das bezogen, was wir gegenwärtig tun oder erledigen sollen, dann ertappen wir uns des öfteren am Tag, wenn wir unsicher werden, wenn uns dieses oder jenes mißlingt, wenn uns z.B. ein Gegenstand auf die Füße fällt, wenn wir über einen Stein stolpern, über einen Stuhl fallen oder über den Fuß des Nächsten. Sind wir wachsam, dann nehmen wir wahr, daß der Tag zu uns spricht und uns ermahnen möchte, aufgrund dieser Vorfälle unsere Gefühle und Gedanken zu überprüfen und zu erforschen, was diesen zugrunde liegt. Dadurch finden wir zur Wurzel unserer Sünden und können sie nach christlichem Gebot bereinigen. Wir brauchen also keine kirchlichen Obrigkeiten, keine Sakramente, keine Beichte und dergleichen, sondern schlicht die Erfüllung des obersten Gebotes der Gottes- und Nächstenliebe.

Gehen wir den Weg der christlichen Bereinigung unserer Sünden, dann wandelt Christus in uns die von uns bereuten und bereinigten Sünden in Licht und Kraft um. Sie sind dann also in der Seele und in den Kosmen des Falls getilgt. Auch in unserem Ober- und Unterbewußtsein werden sich diese negativen Programme auflösen, weil wir dann schrittweise Gottes Gebote erfüllen. Was an Fehlverhalten bereinigt ist und von uns nicht mehr aufgegriffen, nicht mehr getan wird, kann auf uns auch nicht mehr zurückkommen. Was jedoch an Fehlverhalten in uns ist und bleibt, kann heute oder morgen oder dann, wenn wir entkörpert, also im Seelenreich sind, auf uns zukommen oder in anderen Inkarnationen unseren Körper befallen.

Unsere Lage wäre ohne Hoffnung, hätten wir nicht den Christus Gottes, unseren Erlöser. Wer meint, er könne sich aus »eigener Kraft« befreien, das heißt, letztlich mit der Sünde die Sünde besiegen, der muß früher oder später erkennen, daß dies nicht der Weg war. Für das persönliche Leben im Kleinen wie für das Treiben der Welt im Großen gilt: Ohne den Christus Gottes geht nichts.

Sind wir der Herr über unsere Sinne und Gedanken, dann wird es auch still in uns, und in der Stille offenbart sich Gott. Solange unsere Sinne und Gedanken die Macht über uns haben, sind wir unruhig und getrieben, Gott abgewandt und der Sünde zugewandt. Dann offenbart sich unsere Sünde.

Was gesät und nicht rechtzeitig behoben, also nicht aus dem Acker der Seele entnommen ist, werden wir früher oder später ernten. Früher oder später wird also an unserem Körper oder in unserer unmittelbaren Umgebung das wirksam, was wir gesät haben. Bei dem einen wird in diesem Leben ein Teil seiner Eingaben aktiv, beim anderen ziehen sich Teile seiner Ursachen gleich Gewitterwolken zusammen, die in einer anderen Einverleibung abregnen. Oder die entkörperte Seele trägt die Last ihrer Schuld in Form von Schmerz und Leid in den Reinigungsebenen auf jenen Planeten ab, wo ihre Eingaben, ihre negativen Energien, als Bilder gespeichert sind.

Viele Menschen sind einer Irrlehre verfallen, die besagt: Du darfst dir alles wünschen. Du mußt nur immer wieder dieselben Gedanken aussenden, dann erfüllt sich, was du dir wünschst. Jesus lehrte uns jedoch: »Euch aber muß es zuerst um das Reich Gottes und um Seine Gerechtigkeit gehen; dann wird euch alles andere dazugegeben.« Das heißt, wir sollen zuerst unser göttliches Erbe, das Reich Gottes, in uns erschließen, also die Macht des Christus in unserer Denk- und Verhaltensweise offenbar werden lassen, dann wird Gott uns das geben, was wir benötigen – nicht das, was wir wollen.

Die Energie unserer Gedanken, unseres Wollens und Wünschens, unserer Eingaben also, drängt nach Verwirklichung. Was wir immer wieder wünschen, wollen und was wir somit eingeben, wird sich also auf die eine oder andere Weise erfüllen. Jedoch: Haben wir mit dem Schlüssel Christus das Innere Reich nicht aufgeschlossen, haben wir den Schatz des Inneren nicht gehoben, wer wird es sein, der dann unsere Willensaktion erfüllt? Sicher nicht Christus, sondern der, der diese Welt beherrscht. Dieser verlangt auf Heller und Pfennig zurück, was er an Energie zur Wunscherfüllung für uns eingesetzt hat. Denn der Widersacher kennt nicht Gnade und keine Vergebung. Für ihn gilt: »Aug' um Aug', Zahn um Zahn«, bis zum letzten Heller.

Es kann folgenschwer für uns sein, wenn wir uns etwas vormachen und in einer Wunschbilderwelt leben, die besagt: Ich will Geld und Gut. Ich will ein fürstliches Haus. Ich will »Sklaven«, die für mich arbeiten. – Ich will. Ich will Macht, Reichtum und Ansehen. Ich will, ich will ...

Vielleicht meinen wir, das seien Gedankenspielereien, die, wenn sie nicht zum Ziel führen, doch niemandem schaden. Aber das Wollen des Menschen kann zu einer Falle für ihn werden. Bedenken wir:

Was wir wollen, haben wir uns nicht erarbeitet, weil wir das Königreich des Inneren nicht erworben haben, nicht erschlossen durch ein Leben nach den Gesetzen Gottes. Infolgedessen wird sich eines Tages unser Ego-Wille umkehren, unser Wollen sich gegen uns selbst wenden. Warum?

Ein Gedanke im Gesetz, also im Willen Gottes, trägt seine Erfüllung schon in sich. Auch auf Erden wird er sich erfüllen, es ist nur eine Frage der Zeit.

Ist unser Wille aber nicht das göttliche »Es Werde«, weil nicht das Geben-, sondern das Nehmenwollen darin liegt, so sind wir nicht im Strom, im Gesetz Gottes. Gemäß dem Gesetz von Saat und Ernte heißt es dann: Wie du genommen hast, so wird dir genommen werden.

Unsere egoistischen Eingaben werden sich also auf ihre Weise erfüllen, im Gesetz von Saat und Ernte. So werden wir letztlich weder Geld noch Gut haben, sondern in Armut leben. Statt eines fürstlichen Hauses werden wir vielleicht ein Lehmhaus besitzen. Anstatt Dienern und »Sklaven« zu befehlen, werden wir irgendwo Sklavenarbeit tun müssen. Anstatt Macht, Reichtum und Ansehen zu genießen, werden wir entmachtete, für die Welt wertlose Menschen sein, ohne Geld und Ansehen, die vielleicht um ihr Brot hart arbeiten oder es gar erbetteln müssen.

Vielleicht erfüllt uns der Fürst dieser Welt zunächst unseren Ego-Willen, denn durch die beständig wiederholte Eingabe »ich will, ich will« setzen wir Kräfte frei, die uns erfüllen, was wir wollen. Doch das ist dann eine Leihgabe der Gegensatzkräfte und keine Gottesgabe. Was wir haben, wird uns nicht nur genommen werden, sondern wir werden darunter leiden, daß wir Energien entwendet haben, anstatt uns Energien durch die Erschließung des inneren Reiches zu schaffen.

Nichts ist Zufall. Unsere Entsprechungen zeichnen uns. Jeder ist für seine Eingaben selbst verantwortlich

Nichts, aber auch gar nichts ist Zufall. Alles, was unser Leben ausmacht, bis hin zu den feinsten Nuancen unserer Körperhaltungen und den unscheinbarsten Situationen unserer Tage, ist von uns vorgegeben. Für jede unserer Eingaben sind wir – der einzelne – verantwortlich. Das Gesetz von Saat und Ernte zieht uns zur Rechenschaft.

Denken wir an die sinngemäßen Worte Jesu: »Nun aber sind auch eure Haare auf dem Haupt alle gezählt.« »Gezählt« – das bedeutet, wenn ein Haar auch nur ein winziges Detail des Menschen ist, ist es dennoch verzeichnet.

Es gibt auch keinen Zufall in den Naturreichen. Alles ist kosmische Speicherung und kosmische Führung aus den Schöpfungsgesetzen der Natur. Die Lebensformen der Natur können sich nicht belasten. In ihnen liegt kein Fehlverhalten vor. Was wir der Natur antun, indem wir die Schöpfungsgesetze verändern, das wird jedem einzelnen von uns angelastet, je nach der Beteiligung des einzelnen an der Kollektivschuld der Menschen gegenüber der Natur.

Seit vielen Jahrhunderten spielt sich der Mensch als der Herr, gleichsam als der Schöpfer der Natur auf und glaubt, es besser zu können als Gott. Anstatt Gottes Walten zu achten, zu schätzen und zu lieben, nahm und nimmt er die Schöpferkelle und beutet die Natur aus. Die Folge sind die Ursachen, unter denen jetzt schon die ganze Menschheit leidet.

Jeder von uns ist für seine Eingaben selbst verantwortlich. Die Frau, der Mann, die Mutter, die Schwiegermutter, der Schwiegervater, das Kind, der Kollege, die Kollegin, der Chef können für unsere Eingaben nicht verantwortlich gemacht werden. Wie wir in den Wald hineinrufen, so kommt es zurück. Unsere Saat ist der Ruf in den Wald und unsere Ernte das Echo, das zurückkommt.

Der übliche Einwand lautet: »Wenn mich doch meine Frau, mein Mann, mein Schwiegervater, mein Kollege bis auf den letzten Nerv geärgert hat, dann soll *ich* für meinen Ärger verantwortlich sein?«

Wir müssen uns jedoch fragen: Warum lag die Reizschwelle unseres Ärgers so niedrig, daß unser Nächster uns bis auf den letzten Nerv treffen konnte? Weil wir in unserer Seele und in unserem Ober- und Unterbewußtsein Entsprechungen haben, die denen unseres Mitmenschen, der uns Ärgernis war oder noch ist, ähnlich sind. Der Augenblick des Ärgers ist ein Hinweis aus unserer Tagesenergie, der an unser Gewissen pocht und spricht: Sieh bei dir nach, warum du dich so erregst. Welche deiner

Gefühle, Gedanken, Worte oder Handlungen haben die starke Bewegung hervorgerufen?

Beobachten wir in den Augenblicken unserer Erregung z.B. unsere Körperhaltung oder wohin wir blicken, wonach wir greifen, wohin wir gehen, was wir vernachlässigen oder wer uns augenblicklich in unserer Umgebung lästig ist, dann erleben wir einen Teil unserer Entsprechungen, unserer Programme, die uns steuern und auch unseren Körper prägen, gleich zeichnen.

Haben wir in den Augenblicken unserer stärksten Erregung einen Spiegel zur Hand, dann wäre uns dieser sehr hilfreich. Spieglein, Spieglein an der Wand, du zeigst mir meine Entsprechungen unverwandt:

Einige Gesichtsfalten werden tiefer, die Stirn legt sich in Falten, das Gesicht wird grau, fahl oder rot. Ganze Gesichtspartien verändern sich; die Lippen sind zusammengepreßt, die Mundwinkel nach unten gezogen, der Gesichtsausdruck wird finster, durch unsere Augen sprüht der Neid, die Rachsucht, die Ablehnung, die Wut. Probieren wir es aus – es lohnt sich in Hinsicht Selbsterkenntnis. Eventuell fallen uns dann die Reue und die Bereinigung leichter.

Unsere Erregungen kommen aus unseren Entsprechungen, aus den einzelnen Programmen. Je nach dem Motiv der Erregung, mag diese aus Wut oder Angst bestehen, reagieren wir.

Sind wir beständig in Anspannung, sind also unsere Gedanken von morgens bis in die Nacht im Alarmzustand, dann werden wir entweder nachlässig oder gleichgültig, oder wir reagieren mit Streit und Tätlichkeit.

Die Folgen dieses Dauerstresses durch unsere Entsprechungen zeichnen uns immer mehr. Wir werden z.B träge und passiv oder aggressiv, je nachdem, was uns unsere Entsprechungen signalisieren.

Das äußere Sich-gehen-Lassen ist vielfach ein Zeichen großer äußerer oder innerer Unruhe. Dann werden die Haare nicht mehr geordnet, das Schuhwerk bleibt ungepflegt, unser Gang wird schwer, unser Gesicht zerfurcht, unsere ganze Gestalt ist träge oder in höchster Anspannung und Angriffsbereitschaft. Dann vernachlässigen wir auch die Wohnung, die wir nur so weit aufräumen, daß sie gerade noch betreten werden kann. Die Kleidung hat für uns kaum mehr eine Bedeutung. Farben und Formen werden uns gleichgültig und nicht zuletzt auch unser Körper, der dann unter Umständen – auch durch Aufnahme von zu viel Nahrung und schweren Getränken – an Fülle und Masse zunimmt. Alte Verhaltensmuster, von denen wir glaubten, sie überwunden zu haben, kommen wieder zum Vorschein.

Vieles ändert sich! Warum? Weil einige unserer Entsprechungen, unserer Ursachen, aktiv sind. Irgendwann werden sie als Wirkungen über uns hereinbrechen, wenn wir die Augenblicke und Situationen, die uns den Ärger, den Streß brachten, nicht zur Bereinigung nützen, um uns mit der Hilfe unseres Erlösers, Christus, von diesen Ursachen zu lösen.

Die ganze Unendlichkeit ist Leben und Evolution. Die Formen der Naturreiche sind Bewußtseinsgrade im Schöpfungsstrom Gottes

Das innerste Wesen in jedem von uns ist Träger des Reiches Gottes und Erbe der Unendlichkeit; es ist das Gesetz, Gott. Unser irdischer Leib hingegen gehört der Erde, den irdischen Naturgesetzen an. Er ist Träger und Erbe unseres Sündhaften.

Alles ist somit Gesetz, entweder das Gesetz des Ewigen, der Ewigkeit, oder das Gesetz des Sündhaften, das sich auf der Erde und in den Reinigungsebenen auswirkt. Das Entsprechungsgesetz, das Sündhafte, kann nicht von Dauer sein, weil Gott nicht die Sünde ist, sondern der Reine, der alles Reine geschaffen hat.

Durch das absolute, unumstößliche Gesetz der Liebe wird alles Egoistische, das Sündhafte, wieder rein werden, jedoch ausschließlich durch unser Dazutun, da jeder von uns Träger des freien Willens ist.

Irgendwann – und sei es nach vielen Erdenwanderungen – erwacht unser innerstes Wesen, das dann zielbewußt und unbeirrt seiner ewigen Heimat zustreben möchte. Dann sind auch Seele und Mensch gewillt, das göttliche Erbe zu erfüllen, das Reich Gottes in uns.

Alles Reine, alles, was in Gott ist, ist das Gesetz Gottes, die Liebe. Die Naturreiche im ewigen Sein sind die aktiven Evolutionsgesetzmäßigkeiten des Schöpfers, des Geistes Gottes. Das Naturreich entfaltet sich in den unterschiedlichsten Entwicklungsstufen. Jede Entwicklungsstufe ist ein Evolutionsstand in den Reichen der Mineralien, Pflanzen und Kleinsttiere. Sie alle sind, je nach Art und Entwicklungsstand, in Kollektiven zusammengefaßt, die ihre Bewußtseinsform und Bewußtseinsfarbe ausstrahlen. Jeder Bewußtseinsgrad, also jedes Kollektivbewußtsein, ist eine Evolutionsfacette aus dem Ganzen, dem Leben, Gott. Sowohl im Kleinsten wie im Großen ist immer das Ganze, Gott, unteilbar. Jede Lebensform ist gemäß ihrem Bewußtseinsstand eine Facette der Offenbarung Gottes.

Alle Bewußtseinsstufen werden vom mächtigen Schöpfergeist beatmet, der sie zur Vollendung, das heißt zur Entfaltung der Ganzheit, führt. In allen Evolutionsfacetten der verschiedensten Entwicklungsstufen nimmt der Schöpfergeist, je nach Bewußtseinsstand, Form und Gestalt an. Sie sind Ausdruck Seiner Liebe. Doch in jeder Facette ist Er das Ganze, unteilbar.

Ebenso ist es in den Tierreichen, die den Evolutionsstand von Teilgeistkörpern erreicht haben, die auch Teilseelen genannt werden. Auch hier gibt es die verschiedensten Tiergattungen, die sich, je nach der Entwicklung des Teilgeistkörpers, in den entsprechenden Formen und Farben offenbaren. Die Evolution führt von einfachen Formen mit nur einem Segment, einem Aspekt, bis hin zu dem entwickelten Teilgeistkörper, der dann in den Evolutionsstand der Naturwesen übergeht. In diesen unterschiedlichen Bewußtseinsgraden der Tiere, die entsprechend der Entwicklung ihres Teilgeistkörpers Farbe und Form ausstrahlen, ist Gott wiederum die Offenbarung der Form. Doch immer ist und bleibt Er in jedem Evolutionssegment das Ganze. Ob wir die Gestirne betrachten oder die Bausteine der Materie: Gott ist immer in allem das Ganze, unteilbar.

In der ganzen Unendlichkeit gibt es nichts Starres oder gar Totes. Alles ist erfüllt mit Leben, dem Geist. Alles ist Energie, auch wenn wir von »toter Materie« sprechen. Zerfällt die Materie in ihre Bestandteile, so ändert sich nur ihre Strahlung, die Schwingung, die der augenblicklichen Substanz entspricht.

Im Geist Gottes besteht die beständige Evolution. Die Urkraft, Gott, beatmet im vorgegebenen Rhythmus die Unendlichkeit. Die urstofflichen Lebensformen der Naturreiche im ewigen Sein, in welche Gott in zyklischen Abständen vermehrte Energie einatmet, entwikkeln sich zu den nächsthöheren Lebensformen. In diesem Evolutionsablauf der rhythmischen und zyklischen Beatmung der geistigen Naturreiche entstanden die reinen Wesen, Geistwesen genannt.

Das Wort »Geistwesen« besagt, daß alle reinen Wesen aus dem Evolutionsgesetz, dem Urstrom, Gott, der Liebe und Weisheit, hervorgingen und hervorgehen. Der geistige Leib, das Geistwesen, ist formgewordener Geist, wir können auch sagen: formgewordenes Gesetz Gottes. Jedes Geistwesen ist das Ebenbild des ewigen Vaters, der Sich aus Seinem ewigen Urstrom, auch Schöpferstrom genannt, aus Seinem ewigen allgegenwärtigen Gesetz der Liebe und Weisheit, die Form gab. Der geistige Leib, der sich aus dem Evolutionsgesetz, dem Schöpfungsstrom der geistigen Mineralien, der Pflanzen- und Tierreiche, aufbaut, ist dann vollendet, wenn er alle geistigen Evolutionsstufen, einschließlich der Sohn- und Tochterschaft Gottes, durchlaufen hat.

Ist der geistige Leib vollendet, ist also das Geistwesen der Sohn oder die Tochter Gottes, dann hat dieser geistige Leib, der formgewordene geistige Substanz, also komprimierte Lichtkraft, ist, sämtliche Evolutionsstufen durchlaufen, so daß das Geistwesen das Gesetz der Liebe Gottes ist. Das Gesetz der Liebe ist das Vater-Mutter-Gesetz, weil Gott, der Schöpfungsstrom, aus den beiden Polen Vater und Mutter besteht, männlich und weiblich. Geistig ausgedrückt: Gott ist sowohl das Gebende als auch das Empfangende.

Zu dem ewigen Gesetz, Gott, gehören auch die geistigen Sonnen und Planeten, die formgewordener reiner Urstoff sind. Die energetischen Substanzen der urstofflichen Sonnen und Planeten sind ein gesetzmäßiger Bestandteil des geistigen Leibes jedes vollendeten Wesens. Dadurch ist jeder vollendete göttlich-geistige Leib Träger des Erbes der Unendlichkeit. Weil jeder geistige Leib Träger des geistigen Erbes ist und somit die Essenz aller Kräfte in sich vereint, ist jedem Wesen die absolute Freiheit gegeben. Durch das All-Ur-Erbe, aufgrund des Aufbaus des geistig-göttlichen Leibes, der das Gesetz der Ewigkeit und somit vollendete geistig-göttliche urstoffliche Form ist, kann sich das Geistwesen auch auf sämtlichen Bahnen der Gestirne bewegen. Alle Planeten des reinen Seins sind im geistigen Leib erschlossen. Da Gott allgegenwärtig und das reine Wesen durch das All-Ur-Erbe göttlich ist, sind diesem alle Kosmen, auch die der Reinigungsebenen und der Materie, voll zugänglich.

Mit ihrer Programmwelt schufen die Fallwesen ihr persönliches Erbe. Die Belastungen des einzelnen bestimmen seine künftigen Inkarnationen

Im Fall kehrten sich reine Geistwesen von Gott ab, um nicht nur göttlich zu sein, sondern Gott selbst zu werden. So trennten sich diese göttlichen Lichtformen von Gott und schufen sich die erste Programmwelt für ihr Wie-Gott-sein-Wollen. Dadurch verschattete sich der geistig-göttliche Leib und nahm in unzähligen kosmischen Abfolgen zunehmend Verdichtung an, woraus sich der menschliche Körper kristallisierte.

Im Wort »Fall« liegt »fallen«. Durch den Fall von einigen Geistwesen, also durch ihre Abkehr von Gott, trennten sich auch Teile göttlicher urstofflicher Planeten ab und gingen mit in die Tiefe. Sie dienten und dienen im Laufe des Fallgeschehens den Fallwesen als Aufenthaltsorte. Alle Teile der urstofflichen Planeten nahmen gemäß der Verdichtung der Geistwesen die entsprechende Form und Dichte an. Mit ihrer Programmwelt, die sich auf dem Wunsch aufbaute, sein zu wollen wie Gott, überschatteten die ehemals reinen Wesen ihr göttliches Erbe und schufen mehr und mehr ihr persönliches Erbgesetz, das ihren Fallgedanken entsprach.

Zum Verständnis: Dem Menschen, der physischen Hülle, wohnt ein feinstofflicher Leib, die Seele, inne. Die Seelenhüllen, welche die Ausstrahlungen der verschatteten Seele sind, ummanteln unseren geistigen Leib, unser ewiges Sein. Sie bilden auch die Aura des Menschen.

Unser göttlicher Leib besteht aus der Essenz der Unendlichkeit und ist somit Träger des ewigen Gesetzes, Gott, wodurch wir Söhne und Töchter Gottes sind – auch als Mensch. Jeder Mensch trägt in sich das All-Ur-Erbe des ewigen Seins, diesen geistig-göttlichen Leib, den er mit seinem Sündhaften, seinem Belastungserbe, überschattet und umgeben hat.

Unser derzeitiger irdischer Leib hat sich aus den Erbanlagen unserer Vorfahren und Eltern aufgebaut, die wir zum Teil selbst waren. Wer um die Reinkarnation weiß, für den ist es eine logische Folge, daß seine Seele in den zurückliegenden Inkarnationen immer wieder als Mensch ins Erdendasein kam und somit über diese Erbkette an der Abdeckung des göttlichen Erbes mitgewirkt hat.

Was wir heute an Gottfernem, an Sündhaftem, tragen, das ist unser Gestriges. In einem oder in mehreren unserer Erdenleben haben wir das eingegeben, was wir heute sind und worunter wir unter Umständen heute zu leiden haben; das ist unser sündhaftes Erbe, die Abkehr von Gott und von unserem göttlichen

Erbe. Dieses Belastungserbe prägt unseren physischen Leib und unsere Seele.

Tragen wir dieses als Seele im Jenseits nicht ab, dann bringt die Seele ihr Sündhaftes wieder mit in ein neues Erdendasein. Da Gleiches immer wieder Gleiches anzieht, kommen wir immer wieder zu jenen Menschen, an denen wir uns versündigten oder in die wir einen Teil unserer Sünden hineinprojiziert haben. An sie sind wir gebunden, damit wir miteinander das bereinigen, was uns zusammenzog. Wir treffen uns wieder in den Rollen von Vater, Mutter, Kind, Verwandten, Freunden, Arbeitskollegen und -kolleginnen, Vorgesetzten und dergleichen. Gestern hatte ich die Rolle des Vaters, heute bin ich in der gleichen Familie Kind. Gestern war ich Chef, heute bin ich in der Rolle des Angestellten des Chefs dieser Firma. Gestern war ich Mutter, heute gehöre ich als Verwandte zu dieser Familie. Auch die Orte unseres Erdendaseins wählen wir gemäß unserem aktiven sündhaften Erbe, unserer Programmwelt.

»Gott schuf Himmel und Erde.« Das geistige Geschehen hinter dem »Urknall«

Gott gab Seinen Kindern, den Fallwesen, die wie Gott sein wollten, die ihre persönlichen Prägungsgesetze, ihr sündhaftes Erbe, schufen, Wohn-, gleich Rückkehrstationen, mit, Teile von reinen geistigen Planeten, die sich aufgrund der Prägungen der Fallwesen, wie schon erwähnt, nach und nach verdichteten. Alle Menschen und Seelen, auch alle verdichteten Planeten tragen den unbelasteten und unbelastbaren ewigen Wesenskern des Lebens, Gott. Da Gott somit in allem gegenwärtig ist, wird Er auch alles wieder in das ewige Sein zurückführen.

Es steht sinngemäß geschrieben: Gott schuf Himmel und Erde und machte den Menschen zu Seinem Ebenbild. Das bedeutet: Gott liebt alle Seine Kinder, auch jene, die sich von Ihm abgewendet haben. Deshalb gab Er ihnen Teile geistiger Himmelskörper mit. Diese bildeten im Laufe von unzähligen Zyklen – wir würden sagen: in für Menschen unvorstellbar langen Zeitläufen – die Planeten der Reinigungsebenen, auf denen die Seelen der verstorbenen Menschen leben, und die Planeten des materiellen Kosmos, wie den der Erde, auf dem die Menschen wohnen.

Die Wissenschaft spricht von dem sogenannten »Urknall«, der zur Bildung der Materie Anlaß gab. In gewisser Weise entspricht die Urknall-Theorie den geistigen Gesetzmäßigkeiten, welche die Trennung der Sünde, gleich Dichte, vom reinen, alldurchstrahlenden Sein auslöste. Dieser unvorstellbare Lösungsprozeß brachte aufschäumende Turbulenzen, die wir Menschen als den Urknall bezeichnen.

Die Reinigungsebenen, die feiner Stoff sind, und die Materie, die dichter Stoff ist, bilden die Fallreiche. Sowohl die Materie als auch die Reinigungsebenen sind Stufen, die Seelen und Menschen zu gehen haben, um wieder das zu werden und zu sein, was sie in der Mitte der Seele, im Seelengrund, sind: reine Wesen aus Gott und in Gott.

Gott ist, wie dargelegt, unteilbar. Er ist die Kraft, der Geist, das Leben – auch außerhalb der Himmel, in allen Fallreichen und in all deren Formen, Kräften und Elementen. Es gibt nur ein Leben, es ist der Ewige und die Ewigkeit, unteilbar in allem. Da Gott das unteilbare, ewige Leben ist und ohne Ihn nichts zu existieren vermag, ist Gott auch das Leben in den Planeten außerhalb der göttlichen Reiche in allen Lebensformen der Natur, in Seelen und Menschen.

GOTT I S T – die Geistwesen sind göttlich. Gott ist der Ausdruck der geistigen Formen. Er ist i n den materiellen Formen, doch nicht die materielle Form selbst

Zur Verdeutlichung sei noch einmal auf den Unterschied hingewiesen, der besteht zwischen »Gott ist« und »Gott ist in ...«.

Im Reich Gottes, in den ewigen Himmeln, heißt es: Gott ist das Reich Gottes. Gott ist Offenbarung und Ausdruck aller Schöpfungsfacetten der reingeistigen Planeten und Welten. Gott ist Ausdruck und Offenbarung der reinen Geistwesen.

Gott schuf und schafft aus Seinem ewigen, allgegenwärtigen Strom Schöpfungs-, gleich Evolutionsformen. Er ist jede Evolutionsform der reinen Naturreiche.

Gott gab Sich aus Seinem urewigen, allgegenwärtigen Strom, dem ewigen Gesetz, selbst die Form. Der Ausdruck des Stroms ICH BIN ist der Ewige, und das Ewige ist die vollendete göttliche Form, reiner, feinstofflicher Urstoff: der ewige Vater, die höchste Intelligenz des Seins, die Form, die das ewige Bewußtsein des urewigen Geistes trägt: Ich war und Bin ewig.

Die Form Gott-Vaters ist das Bewußtsein des Lichtes vor der Schöpfung, das Licht des

Schöpfungsgedankens, das Licht der Schöpfung selbst, der Ausdruck der Urewigkeit, der Ewige, das Ich Bin. Seine Kinder sind Seine Schöpfungsgedanken. Als Lichtkinder sind sie Schöpfungserben, die bei der Seins-Schöpfung mitwirkten und mitwirken.

Der Urstrom, der Geist, wird auch der Vater-Mutter-Strom genannt, weil Er, der ewige Vater, sich daraus selbst die Form gab und die Seiner Kinder, der Geistwesen, daraus schuf und schafft. Alle Formen, die aus dem Urstrom, dem Vater-Mutter-Strom, hervorgingen und hervorgehen, nennt Gott »göttlich«.

Im ewigen reinen Sein ist Gott nicht »*in* der Form«. Er *ist* selbst die vollendete göttliche Form, der Vater, und ist selbst Ausdruck der vollendeten Formen der Geistwesen. Er ist Schöpfer und Ausdruck aller Evolutionsfacetten, die Er zur Vollendung führt. Jede vollendete Form, jedes Geistwesen, ist das göttliche Gesetz selbst und ist Erbe des reinen Seins. Die vollendeten reinen Formen – die göttlichen Wesen – sind nicht allgegenwärtig, jedoch allbewußt. Sie unterliegen keiner Einschränkung, weil sie Erben aller reinen Kräfte, Erben des ewigen Gesetzes der Liebe, und gleichzeitig das Gesetz der Liebe selbst sind.

Die Wesen in Gott, die Geistwesen, sind also nicht allgegenwärtig, sondern absolut frei, ohne Begrenzung in ihrer Wahrnehmung und Beweglichkeit. Ihre Heimat ist die Unendlichkeit, weil sie Bewohner und Erben der Unendlichkeit sind. Jeder Lichtstrahl des Seins ist ihr göttliches Erbe; er dient ihnen. Ausschließlich der Urstrom, das fließende Gesetz, Gott, die Liebe, ist allgegenwärtig, unteilbar in allem.

Die Fallreiche, einschließlich der Materie, sind nicht der Ausdruck Gottes und nicht das formgewordene Göttliche, sondern Gott, der Unteilbare, der Urstrom, das allwaltende Gesetz der Liebe, ist *in* den Gestirnen, ist *in* den Naturreichen, ist *in* den Seelen und ist *in* den Menschen.

In den Fallreichen, zu denen die Materie gehört, ist Gott also nicht die Form, sondern Er ist *in* den Formen. Gott ist *in* den vier Elementen der Materie, in jedem Teilchen, in jedem Atom, in jedem Molekül. Er ist jedoch nicht die Materie selbst.

Die materiellen Gestirne und die Gestirne der Reinigungsebenen sind nicht formgewordener Geist, sondern Gott ist *in* den materiellen Gestirnen und *in* den Gestirnen der Reinigungsebenen. Gott ist in jedem Baustein des physischen Leibes, in jeder Zelle. Gott ist nicht der Baustein des Körpers, nicht die Zelle. Gott ist nicht die Form des physischen Leibes, sondern Er ist *in* der Form. Gott ist auch nicht die Form der Mineralien, Pflanzen und

Tiere. Gott ist in der Form der Mineralien, Pflanzen und Tiere.

Gott ist also in allen verdichteten Formen nicht die verdichtete Form selbst. Diese entstand durch die Prägungen des Falls, durch das sündhafte Erbe jedes Menschen. Durch das sündhafte Verhalten des Menschen prägt dessen Seele die Planeten der Reinigungsebenen, die schwingungsmäßig diese Eingaben aufnehmen, und auch die äußeren Formen der Naturreiche.

Unser physischer Körper ist nur der Abglanz unserer göttlichen, reinen Form, die das Ebenbild Gott-Vaters ist und die Offenbarung Gottes.

Der Mensch ist also nicht der Ausdruck Gottes, sondern der Ausdruck seiner Seele. Was in der Seele aktiv ist, das wirkt sich in und am Körper aus. Das ist das sündhafte Erbe jedes Menschen, das die physischen Erbanlagen, die Gene, prägt. Daraus bildet sich der Charakter jedes einzelnen, seine Neigungen, seine Leidenschaften, seine Vorstellungen, seine Wünsche, seine Gefühle, seine Gedanken, Worte und Handlungen.

Der physische Leib ist der Ausdruck der Programmwelt der Seele und des Menschen.

Die Vollendung des reinen Leibes ist der Ausdruck Gottes. Das göttliche Erbe zeichnet den geistigen Leib, wie der Ausdruck der Sünde den physischen Leib zeichnet. Die Sünde ist die Abkehr von Gott und die Verschattung der Seele, die Abdeckung des Lichtes. Dem Menschen ist geboten, seine Seele wieder zum Ebenbild Gottes, des ewigen Vaters, werden zu lassen, indem er tagtäglich sein erkanntes Sündhaftes bereut, bereinigt und nicht mehr tut. Der Mensch ist also auf Erden, um seine Seele wieder zum Ebenbild Gottes, des ewigen Vaters, zu erheben.

Der Mensch stammt nicht vom Affen ab. Der Werdegang des Menschen. Materie ist formgewordener menschlicher Wille

In dieser Welt gibt es viele Meinungen und Theorien darüber, wie wohl der Mensch entstanden sei. Die einen sagen, der menschliche Körper entwickelte sich über das Pflanzen- und Tierreich; er stamme in der letzten Entwicklungsphase vom Affen ab. Nur wenige sprechen vom Fallgedanken, von den Wesen des Lichtes, die sein wollten wie Gott, und der Verdichtung, die schließlich zum menschlichen Körper führte.

Die Evolution, die im Geiste Rhythmen und Zyklen sind, also die Sprünge vom Mineral zur

Pflanze, von der Pflanze zum Tier, vom Tier über das Naturwesen zu einer vollkommenen Lebensform wie der der Geistwesen, gibt es nur im reinen Sein.

Im Reich der Himmel vollzieht sich diese geistige Evolution von einem geistigen Atom – vergleichbar einer menschlichen Zelle – über das geistige Mineral-, Pflanzen- und Tierreich bis hin zu den geistigen Formen der Naturwesen, aus denen sich allmählich der vollkommene geistige Leib entwickelt. Weil sich der geistige Leib über sämtliche Gotteskräfte aufbaut, ist das vollendete Geistwesen das All-Erbe, das Absolute Gesetz. Dadurch hat es zu allen reinen kosmischen Kräften Kommunikation, weil es aus diesen Kräften hervorging, also im gesetzmäßigen Ablauf geistig-göttliche Form wurde.

Im Menschen ist das vollkommene Wesen aus Gott – allerdings ist dieses belastet durch die Sünde, deshalb wird es Seele genannt. Unser physischer Leib kann also niemals vom Affen abstammen, wenn auch hin und wieder Ähnlichkeiten auftreten. Die Ähnlichkeiten entstanden durch die Programmierung der Fallwesen, dann durch die Menschen, jedoch niemals über die materiellen Naturreiche.

Die Geistwesen, die sein wollten wie Gott und dadurch zu Fallwesen wurden, die ihre persönlichen Verdichtungsgedanken als persönliches Erbe schufen, die Herren und Herrscher mit eigenen Reichen und Untergebenen sein wollten, schufen zuerst ihre persönlichen Belastungshüllen, das heißt, sie umhüllten sich mit den Negativenergien ihrer eigenen Wünsche, Gefühle und Gedanke.

Die energetisch heruntertransformierten Kräfte strömten aus den belasteten geistigen Partikeln des geistigen Leibes der Fallwesen. Daraus bildeten sich gleichsam gasartige Hüllen, die sich wie eine Aura um das Fallwesen legten. Die fortgesetzten Zuwiderhandlungen gegen das göttliche Gesetz bedeuteten eine fortwährende Belastung, durch die in unvorstellbar langen Zeitläufen diese Hüllen immer dichter wurden.

Die ersten Fallwesen hüllten sich also mit ihren sündhaften Gefühlen und Gedanken, den Fallgefühlen und Fallgedanken, ein. Infolge dieser fortwährenden Zuwiderhandlung gegen ihr göttliches Erbe entstand ganz allmählich die Verdichtung, die wir »Mensch« nennen. In der Weise, wie sie sich selbst umhüllten und verdichteten, umhüllten und verdichteten sie durch ihre Ausstrahlung auch die geistigen Teile der Planeten, die ihnen als Aufenthaltsorte dienten.

Der geistige Leib der Fallwesen war im Laufe ihres Abstieges zur Menschwerdung unterschiedlich verhüllt. Der gasartige Mantel, die Hülle, des einen war dichter, der des anderen noch lichter, je nachdem, wie groß oder gering die Verschattung des einzelnen Fallwesens war. Das Prinzip lautete und hat auch heute noch bei jedem Menschen Gültigkeit: Je nachdem, wie das Fallwesen fühlte, dachte und handelte, verschattete und verdichtete es sich. Je nachdem, wie der Mensch fühlt, denkt, spricht und handelt, prägt er sich.

Wie zur Zeit des Falls, so ist es auch heute noch bei uns Menschen: Die einen dachten und denken, wirkten und wirken besonnener, bemüht, das Rechte zu tun; die anderen hingegen handelten und handeln immer mehr gegen das göttliche Gesetz. Dementsprechend verhüllte sich das Fallwesen, und dementsprechend prägt der Mensch seinen Charakter und seinen physischen Leib.

Nach dem Prinzip »Gleiches zieht Gleiches an« zogen sich gleiche und ähnliche verdichtete Wesen an. Gemäß ihren Verdichtungsgraden, die ihrer Wunschwelt entsprachen, nahmen sie, wie dargelegt, auch Einfluß auf ihre Wohnplaneten. Diese umhüllten sich dann ebenfalls mit den gleichen oder ähnlichen Schwingungen wie deren Bewohner. Das gleiche Prinzip gilt auch bei der Höchstverdichtung, dem Menschen: Gleiches zieht Gleiches an. Die Bewohner nehmen gemäß ihrem Sündhaften negativen Einfluß auf ihren Wohnplaneten, die Erde.

Im reinen Sein ist alles Gesetz – doch auch im heruntertransformierten Bereich ist alles »Gesetz«. In den Fallreichen und auf der Materie vollzog und vollzieht sich das Leben in gleicher Weise wie im reinen Sein – nur umgepolt. Das Gottesgesetz ist das göttliche Erbe jedes Geistwesens. Das Sündhafte jedes einzelnen Menschen ist sein persönliches Gesetz, seine Prägung und sein Charakter. Auch die materiellen Gesetzmäßigkeiten und Formen der Naturreiche sind Umkehrungen der göttlichen Schöpfungsgesetze, der Naturgesetze des reinen Seins.

Was die Fallwesen prägte, die Programme ihres Wünschens und Wollens, war auch ihr Sendepotential. Ebenso ist die eigene Prägung jedes Menschen, die aus unzähligen Programmen besteht, wiederum sein Sendepotential, mit dem er wirkt. Während die reinen Wesen den Willen Gottes erfüllen, weigerten sich die Fallwesen, dies zu tun. Sie programmierten und prägten sich mit ihrem Eigenwillen; dementsprechend wirkten sie.

So ist es auch beim Menschen. Der Eigenwille des Menschen ist seine Prägung. Damit agiert er in seiner Umwelt und wirkt auf andere ein.

In für Menschen unvorstellbar langen Abläufen vom Beginn des Falls an, die sich in Rhythmen und Zyklen vollziehen, entstand die härteste Verdichtung, die Materie. Durch das sündhafte Verhalten jedes einzelnen Menschen ist die Materie formgewordener menschlicher Wille. Als die Hüllen der Seele immer dichter wurden, kristallisierte sich der Aufbau des physischen Leibes heraus, der in seiner ganzen Konstruktion den Strömungen und Abläufen des materiellen Kosmos entspricht.

Ähnlich wie im materiellen kosmischen Ablauf durch Einwirkung energetischer Kräfte Sonnen Planeten gebären können, so gebiert die Frau durch die Zeugung des Mannes einen Körper für eine Seele, die, von feineren stofflichen Bereichen her kommend, sich auf der Erde einverleibt. Auf diese Weise ist die Möglichkeit eines Kreislaufs des Kommens und Gehens einer Seele auf die Erde geschaffen – das sogenannte Rad der Wiedergeburt. In jedem Körper ist eine Seele, die bei der Geburt des physischen Leibes in diesen hineinschlüpft und beim Tod des materiellen Körpers aus diesem herausschlüpft.

Wer die Zeugungs- und Bewahrungskraft zur Sinneslust umwandelt, versündigt sich an der Schöpfungskraft Gottes. Wer anderen seine Programme infiltriert, zeigt damit Energiemangel, gleich Schwäche

Im Seelengrund jeder Seele ist der unbelastbare Wesenskern, der die Schaffungskraft des Schöpfers beinhaltet. Alles in allem ist dies das göttliche Erbgut jedes reinen Wesens. Weil Gott in der Seele des Menschen ist, kann der Mensch der Abglanz des Göttlichen genannt werden.

Gott, der Schöpfer, atmet beständig ein und aus. Er, die Schöpferkraft, ist auch die Evolutionsenergie in den göttlichen Naturreichen, in den vier Schaffungskräften Gottes: Ordnung, Wille, Weisheit und Ernst. Die Schaffungskraft Gottes ist in jedem Menschen die Zeugungs- und Bewahrungskraft, das Vater-Mutter-Prinzip.

Zeugung und Geburt eines Kindes sind ganz normale Abläufe. Sie sind der Abglanz der Schöpfungskraft Gottes. Wer jedoch die Zeugungs- und Bewahrungskraft zur Sinneslust umwandelt, der versündigt sich am Naturgesetz, an dem Vater-Mutter-Prinzip.

Mit unseren Sinneslüsten wirken wir auf unsere fünf Sinne ein. Mit der Art unserer Sinneslüste, die Programme sind, regen wir unsere fünf Sinne und über unsere fünf Sinne unser ganzes Verhalten an – daraus ergibt sich unser Fühlen, Denken, Sprechen und Handeln. Unser Verhalten, das unseren programmierten Sinnen entspricht, wirkt sich dann wiederum auf unsere Sinneslüste aus. Auf diese Weise verstärkt und verdichtet sich unsere Programmwelt, die immer und immer wieder wir selbst sind. Diese unsere Programmwelt ist unser schöpferisches Werkzeug.

Setzen wir unsere Sinneslüste mit Sexualität gleich, die uns dann nur zur Befriedigung unserer Lüste und zur Entspannung unseres Nervensystems dient, dann ist das Triebhaftigkeit. Durch diese Ausschweifungen vergeuden wir unvorstellbar viel Schöpfungs- und Schaffungsenergie. Das ist Sünde wider die Schöpferkraft und führt zu Energiearmut, wodurch wir träge, nachlässig oder abartig werden. Mit »abartig« sind hier die zwanghaften Programme des Niederen, Allzumenschlichen bezeichnet. Die Abartigkeit prägt dann wieder unseren Charakter und unseren physischen Leib, so daß mancher daraus den Rückschluß zieht, der Mensch stamme vom Tier – z.B. vom Affen – ab.

Unser sündhaftes Erbe macht uns blind und läßt uns oftmals die Impulse aus unserer Seele falsch deuten. Dann suchen wir in der falschen Richtung.

Unser göttliches Erbe im Innersten der Seele eines jeden Menschen ist das Leben im Licht, in der Fülle von Farben, Formen, Düften und Klängen, im Frieden, dem erfüllten Sein, das man als immerwährende Gottgegenwart umschreiben könnte. Schwingt nun aus unserem Seelengrund die Sehnsucht nach Frieden empor in unseren Menschen, in unsere Programmwelt, dann sucht der Mensch diese Sehnsucht zu stillen. Z.B. die Entspannung nach dem körperlichen Akt spiegelt ihm die Erfüllung dieser Sehnsucht vor.

Da dieser »Friede« jedoch Illusion und die Entspannung nur von kurzer Dauer ist, sucht der Mensch, suchen die Sinne, weiter. Weitere Gedanken, Wünsche und somit Programme entstehen – Such-Programme, die nicht selten zu Suchtprogrammen werden. Der Mensch greift eventuell zu Genüssen, um die Leere zu füllen, z.B. zu gutem und reichlichem Essen. Er füllt seinen Magen – die Erfüllung jedoch bleibt aus. Er nimmt – eventuell immer mehr – alkoholische Getränke zu sich; durch den Geist des Weines stellt sich jedoch nicht die Geistigkeit ein, die Bewußtseinserweiterung aufgrund eines Lebens nach den Geboten Gottes.

Die Palette der Nebentriebe, der Sekundärprogramme, der Programme des Allzumenschlichen, ist bunt gemischt. Dazu gehören auch die Sucht nach Zerstreuung – z.B. allabendlich vor dem Fernsehgerät –, nach starken Reizen, wie sie von harter Musik, von Disco-Licht-Zauber, von Festrummel und anderem mehr ausgehen.

Ob Völlerei, ob übermäßiger Genuß alkoholischer Getränke, ob Aufwertungssucht, ob Leidenschaften anderer Art, auch mit diesem Lustverhalten – der Abartigkeit – prägen wir unsere Seele und unser physisches Erbgut; es sind massive aktive Programme, die artgleiche Menschen suchen, um sie zu beeinflussen und zu bestimmen. Wer das zuläßt, sich also bestimmen läßt, ist an seinen Programmierer gebunden, der ihn nun weiterhin zu beeinflussen vermag, weil Gleiches immer wieder Gleiches anzieht.

Die Negativgleichungen sind in ihren Programmanlagen dahingehend ausgerichtet, andere zu bestimmen und zu steuern. Warum ist dies so?

Gott, die ewige Energiequelle des reinen Seins, gibt unerschöpflich. Der Austausch im Positiven, Geben und Empfangen, die positive Kommunikation, verbindet uns mit dem ewigen Strom, der höchsten Energiequelle, Gott.

Die Kommunikation auf der menschlichen Ebene, im Allzumenschlichen, im Sündhaften, in der Welt unserer menschlichen Programme, ist Austausch menschlicher Energie. Gott ist immer mit Seiner Kraft für uns da, wenn wir uns Ihm zuwenden, um Ihm näherzukommen;

Er unterstützt jedoch nicht unser Gegensätzliches, die Sünde. Unsere sündhaften Programme sind also auf die Zufuhr von menschlicher Energie, Negativenergie, angewiesen.

Beim Austausch von Entsprechungen – man zollt z.B. dem Nächsten Beifall, um seine Energie, seine Gunst, zu erhalten – ist die Energie bald aufgezehrt. Ein Energiemangel tritt ein. Da Gott dafür Seine Energie nicht gibt, beginnt, bewußt oder unbewußt, das Suchen und schließlich die Sucht nach weiterer Energie. Der Mensch ist dann bestrebt, durch Projektion weitere Mitmenschen zu bestimmen, zu beeinflussen, also zu programmieren und sie so als Abhängige, gleich Energiequellen, zu gewinnen.

Wer andere bestimmt und sich zu Willen macht, tut dies – trotz des gegenteiligen Anscheins – nicht aus Stärke, sondern aus Energiemangel, aus einer Schwäche heraus. Um sein Ziel zu erreichen, benutzt er listig die Schwächen seines Nächsten und achtet nicht dessen freien Willen. Deshalb kann sich das Opfer seiner Manipulation dieser Beeinflussung nur entziehen, indem es seine eigenen Schwächen erkennt und mit der Hilfe des Christus Gottes überwindet.

Eine andere Variante im weiten Feld des Gesetzes der Entsprechung und der Projektion sei hier kurz erwähnt:

Um der vermeintlichen Stärken und Vorzüge ihrer Nächsten willen begibt sich eine Kategorie von Menschen in die Abhängigkeit, die wir die »Nachahmer« nennen können. In Ermangelung eigener Stärken und Vorzüge lehnen sie sich an einen oder weitere Mitmenschen an, um gleichsam in ihrem »Abglanz« zu leben, an ihnen teilzuhaben, von ihrem – vermeintlichen – Glanz beschienen zu werden. Als Nachahmer übernehmen wir Eigenheiten des Verhaltens, der Sprache, der Lebensweise eines anderen, um uns mit dessen Federn zu schmücken, uns aufzuwerten und dem Vor-Bild zu gleichen, dem wir bestimmte Werte zuordnen, die uns fehlen.

Was wir von unserem Nächsten an Entsprechungen, an menschlichen Programmen, übernehmen, ist menschlicher Ballast, den wir zu überwinden, zu bereinigen oder dessen Folgen abzutragen haben. Durch Nachahmertum entfernen wir uns von uns selbst und nehmen die Aufgaben und Möglichkeiten unseres Erdenlebens nicht mehr oder nur teilweise wahr. Wir sind dann an den, dessen Programme wir kopiert haben, gebunden. Der andere ist so weit an uns gebunden, wie er seinerseits in irgendeiner Form Nutzen daraus gezogen hat, und sei es z.B. durch die Annahme der »Bewunderungs-Energie«.

In diese Kategorie gehören auch die Fans der »Idole« – ob im Bereich der Musik, des Films, des Sports, der Politik oder der Wissenschaft. Prominente, Populäre und andere mehr dienen sehr oft als »Vor-Bilder«, die in der dargelegten Weise »Nachahmer« anziehen.

Gebunden sind viele, viele Menschen, gefangen in ihrem Netz und gefangen im Netz der anderen. Erst wenn wir unsere Abhängigkeit, unsere Bindung erkennen, kann der Christus Gottes, unser Erlöser, uns helfen, auf dem Weg der Bereinigung Schritt für Schritt frei zu werden.

Im Buch »Der Innere Weg. Stufe des Ernstes« heißt es sinngemäß: Das Ego eines Menschen kann nur so lange auf seine Mitmenschen Einfluß nehmen, bis diese ihrem eigenen niederen Ich keinen Tribut mehr leisten und ihr Bewußtsein mehr und mehr zu Gott erheben. Am raschesten verläßt das Niedere den Menschen, wenn er sich in jeder Situation Gott anvertraut.

Mit unserem sündhaften Erbe haben wir unser göttliches Erbe abgedeckt, so daß uns nicht mehr bewußt ist, wer wir in Wirklichkeit sind. Wir haben unser Göttliches nicht verloren, obwohl es durch die Abdeckung, durch die Sünde, so scheint. Wer seine Scheinwelt als Realität betrachtet, für den ist sein sündhaftes Erbe die Wahrheit, die er als das Höchste ansieht. Das nennen wir dann »unser Leben«,

»unser Wertgefühl«, das wir mit allen uns zur Verfügung stehenden Mitteln verteidigen, bis hin zu kriegerischen Handlungen, durch die ein Volk gegen das andere aufsteht.

Unser Leben ist also unsere Programmwelt, entweder unser Arbeitspotential oder unser Kriegsbeil. Unsere persönliche Programmwelt steuert uns also und veranlaßt uns, dieses oder jenes zu denken, zu reden oder zu tun.

Der Fremdprogrammierte lebt kaum mehr sein eigenes Leben; er ist gefühlsarm und gesteuert. Ein weltumspannendes Karmanetz und eine weltweite Genkette

Jeder Mensch ist von seiner Programmwelt umgeben; das ist sein Fluidum, das ist er selbst. Alles ist Energie und somit Schwingung. Der eine Körper schwingt tiefer, der andere höher, je nach seiner Programmwelt.

Sprechen wir Menschen von Geist und Materie, dann bezeichnen wir Materie vielfach als »Verdichtung«. Doch Verdichtung ist nicht gleich Verdichtung; es kommt auf die Schwingungszahl des Körpers an. Der physische Leib ist Ausdruck seiner Schwingungszahl und seiner Umgebung, welche die Form prägen.

Als der Fall begann, lebten die Fallwesen entsprechend ihrer Verdichtung auf dem Wohnplaneten, der ihrem Bewußtseinsstand, ihrer Schwingungszahl, entsprach. Als sich dann die Grobstofflichkeit, der menschliche Leib, herauskristallisierte, begann das Leben der Menschen auf dieser Erde. Auf der Erde leben Menschen aller Bewußtseinsgrade, also solche mit höherem und mit niederem Bewußtsein, Sünder und Geläuterte, Tagediebe und Arbeiter, Verbrecher und Rechtschaffene.

Wer sich nicht auf die Gebote Gottes ausrichtet und somit den Weg zurück zu seinem Ursprung, der göttlich ist, nicht geht, schwächt sich durch seine eigenen Sünden. Je nach seiner Sündhaftigkeit versucht der eine auf den anderen Einfluß zu nehmen, weil uns die Sünde immer danach drängt, der Größte zu sein. Unsere Sünden, die unsere Entsprechungen sind, wollen sich in anderen bestätigt wissen, um daraus Energie zu beziehen. Deshalb versuchen wir immer und immer wieder, unsere Nächsten zu programmieren, das heißt sie zu beeinflussen, sie zu infizieren, indem wir ihnen unsere Vorstellungen infiltrieren. Wer sich von seinem Nächsten suggerieren und programmieren läßt, wer sich also die Abartigkeit von einem seiner Mitmenschen einpflanzen läßt, der kann, wie schon erwähnt, wesensfremd werden. Er ist zum Teil nicht mehr er selbst, sondern der andere.

Durch die Einflußnahme, durch Manipulation, ist es möglich, daß der Fremdprogrammierte sein Leben kaum mehr zu leben vermag, daß er auch die Impulse des Tages, die ihm sein Sündhaftes zur Bereinigung aufzeigen, nicht mehr wahrnehmen kann, weil die Fremdprogramme seine eigene Lebenswelt, seine Programmwelt, überlagern, so daß immer wieder die Fremdprogramme zum Tragen kommen, die ihn dann ständig bestimmen. Mit der Zeit wird ein solcher Mensch gefühlsarm.

Aufgrund dieser eingepflanzten Fremdprogramme, die aktiv sind und in Kommunikation mit dem Programmierer stehen, kann er von diesem unmerklich immer wieder beeinflußt und gelenkt werden. Die aktiven Fremdprogramme werden dann ein Teil seines Lebens. Aufgrund dieser denkt und spricht er. Für ihn vielfach unmerklich, baut er auf diese Fremdprogramme weitere Programme auf, die wohl seinen Lebensprogrammen ähnlich sein können, jedoch niemals sein Leben sind.

Wer seinen Nächsten bestimmt, ihm also seine Entsprechungen einsuggeriert, der hat ein williges Werkzeug, nämlich seinen Nächsten, der wie zwanghaft tut, was sein Programmierer will. Dieser ist der Abhängige, Fremdbestimmte. Er ist eines Teils seines freien Willens beraubt, bis hin zur Hörigkeit. Sein Programmierer hat die Möglichkeit, ihn an den Fäden seiner Schwächen hüpfen und tanzen zu lassen wie ein Puppenspieler seine Marionette. Es wird dem Fremdbestimmten letztlich wenig nützen, seinen Manipulator anzuklagen oder zu versuchen, es ihm mit gleicher, allzumenschlicher Münze heimzuzahlen. Er wird nur aus diesen Fängen freikommen, wenn er seine Schwächen erkennt, bereinigt und mit der Hilfe des Christus Gottes göttliche Werte und Kräfte aufbaut.

Durch die Negativbeeinflussung ist einer an den anderen gebunden. Projizieren beide mit diesen gleichschwingenden Programmen in weitere Menschen ihre Entsprechungen, ihre Programme, ihr Sündhaftes, dann entsteht ein Karmanetz, das gleichsam eine Kette der Beeinflussungen bildet. Der Virus der Projektion ist also auf weitere Menschen übertragbar.

Jedes eingepflanzte Fremdprogramm prägt denjenigen, der es aufgenommen hat. Er wird dem ähnlich, der ihn bestimmt hat oder – durch das Prinzip Senden und Empfangen – weiter bestimmt. Aufgrund des Gesetzes »Gleiches zieht zu Gleichem« werden sich dann beide in dieser Welt oder als Seele in den Reinigungsebenen oder in weiteren Inkarnationen immer wieder begegnen. Ihre Entsprechungen werden entweder aufeinanderprallen oder sich ergänzen. Es kommt ganz darauf an, welche weiteren Programme beide aufgebaut haben.

Aus all diesen Vorgängen ergibt sich das weltumspannende Karmanetz, in dem viele

Menschen und Seelen miteinander verwoben, ja ineinander verknotet und verfilzt sind. Damit verbunden ist auch die weltweite Genkette, denn der Mensch gibt seine Gene auf mannigfaltige Weise weiter; der Genaustausch über den sexuellen Akt ist nur eine von vielen Möglichkeiten.

Unsere menschlichen Programme sind sowohl in unserem Gehirn, in unserer Seele und in den Gestirnen als auch in unseren Genen verzeichnet. Übernehmen wir das Programm eines anderen, so schlägt sich dieses ebenfalls in unseren Genen nieder. Aufgrund ihrer Erbanlagen, die auch Belastungsanlagen sein können, inkarniert eine Seele, die z.B. als Mensch in einer Vorinkarnation in Europa gelebt hat, möglicherweise in Asien, weil dort in einem Asiaten Teile seiner – von ihm übertragenen – Belastungsgene aktiv sind.

Kein Mensch kann seinem Schatten entfliehen. Zu irgendeiner Zeit muß jeder sein Sündhaftes, die unzähligen Aspekte seiner Programmwelt, ansehen, um es zu bereinigen.

Telepathische Beeinflussung des Nächsten gibt den Anlaß zur Tat. Folgen der Bindung durch Projektion im konkreten Beispiel

Es klingt nicht weiter dramatisch, wenn wir hören: Einer überträgt dem anderen durch telepathische Beeinflussung einen Teil seiner Gedankenwelt; beide sind nun aneinander gebunden. Wie aber kann dieser Vorgang konkret aussehen, und wie kann das aussehen, was sich als Folge daraus ergibt?

Ein Beispiel: Ein Mensch, der von heftiger Eifersucht erfaßt ist, schwört dem Nebenbuhler wild Rache und produziert entsprechende Gedanken. Ob diese nun auch in dem Objekt seiner Eifersucht Widerhall finden oder nicht – seine Gedanken schwärmen gleichsam aus und gelangen, durch die Anziehung des Gleichartigen, per Telepathie in einen Mitmenschen, der mit ihm und seiner Eifersuchtsgeschichte gar nichts zu tun hat, der jedoch in sich ebenfalls die Anlagen zur Rachsucht trägt.

Letzterer brütet gerade seinerseits etwas in derselben Art aus. Er schmiedet Rachepläne, überlegt, wie er seinen Rivalen listig aus dem Feld räumen könnte, nimmt jedoch von der Ausführung immer wieder Abstand. Entweder hält ihn der Gedanke zurück, die Tat könnte entdeckt werden, oder er hört auf die Mahnung seines Gewissens. Als ihn nun in einer »schwachen Stunde« der in der Atmosphäre umherschwirrende, emotionsgeladene Gedanke aus dem Herzen jenes Eifersüchtigen anfliegt, nimmt er diesen »Gedankenvagabunden« bereitwillig an und auf.

Das bedeutet: Die Vernichtungswut, die der Gedankenvagabund in sich trägt – »Wenn ich nur könnte, wie ich wollte, ich würde es tun!« –, verstärkt im Grübelnden die Wogen des Zorns und läßt seine Bedenken schwinden. Er zögert nun nicht länger, bringt kurzerhand sein Gewissen zum Schweigen – und führt aus, was er gedanklich schon lange vorbereitet hat. So haben wir nun außer dem Anstifter und dem Täter noch das – erste – Opfer.

Der Täter meint, er selbst habe den Entschluß zur Tat gefaßt. In Wahrheit hat er den Impuls zur Ausführung aus dem Gedankengut des – ihm unbekannten – Anstifters übernommen, der zornerfüllt gedacht und in die Atmosphäre eingegeben hatte: »... ich würde es tun!«

Anstifter und Täter sind nun aneinander gebunden. Der kosmische Computer registriert jedes Quentchen, denn er ist gerecht. Jedem wird präzise sein Schuldanteil zugewiesen, dem Anstifter wie dem Täter. Gemäß dieser Schuldanteile sind beide beteiligt und aneinander gebunden, das heißt, sie tragen miteinander das ab, was sie aneinander bindet, und auch das, was daraus weiter folgte und noch folgt.

Nehmen wir den Fall an, daß der Täter aufgrund seines listigen Vorgehens unentdeckt bleibt und nicht von der irdischen Rechtsprechung bestraft wird. Seine Schuld wird dem Beteiligten spätestens dann offenbar, wenn er das Erdenkleid abgelegt hat. Die Wogen des niederen Menschlichen branden dann wieder hoch, wenn dieses Karma von den Speicherplaneten angestrahlt, also aktiv wird.

Scheidet nun einer der beiden Menschen – z.B. der Täter – hin und spürt als Seele, daß die gemeinsame Schuld von den Gestirnen aktiviert wird, so ist es möglich, daß die Seele des Hingeschiedenen den Menschen, an den sie gebunden ist, intensiv beeinflußt.

Die Einstrahlung der Gestirne will beide, Seele und Mensch, anregen, die gemeinsame Schuld miteinander und auch mit ihren weiteren Opfern zu bereinigen. Nehmen weder der Mensch noch die Seele die Chance wahr, so kann folgendes geschehen: Die weiterhin von Haß erfüllte Seele kann – sofern der Mitschuldige sich in der Todesspanne befindet – über die Einstrahlung der Gestirne so intensiv auf den Mitschuldigen – den Menschen – Einfluß nehmen, daß dieser unter Umständen früher hinscheidet, als in seinem Lebensplan für ihn vorgegeben ist.

Wie geschieht die Einflußnahme seitens der Seele auf den im Erdenkleid befindlichen Mittäter? Über die gemeinsame Speicherung nimmt die Seele Einspritzungen vor. Entweder sie verstärkt eine Krankheit, die teilweise mit dem gemeinsamen Karma verbunden ist, oder sie treibt ihn zu massiver Erregung, so daß z.B. ein Herzinfarkt die Folge sein kann, oder sie nimmt auf seine Seelenschwingung intensiv Einfluß, so daß der Mitschuldige gegen die staatliche Gesetzgebung verstößt und unter Umständen infolge großen Leides und Verzweiflung in Kürze hinscheidet. Oder die Seele wirkt auf ihn massivst ein, so daß er einen Unfall auslöst und dabei zu Tode kommt. Oder der Betreffende macht aufgrund seines zerrütteten Nervensystems und Geschütteltseins von Aggressionen und Depressionen seinem irdischen Leben ein Ende.

Die Seele, die dem Mitschuldigen seine Einflußnahme nicht verzeihen kann, will sich auf diese Weise rächen. Der Mensch, dem diese Aktivitäten der Seele gelten, weiß bis zu seiner Todesstunde eventuell nicht, was hier vor sich geht. Er könnte es erkennen, wenn er die Hinweise aus der Tagesenergie beachtet. Würde er sich in seiner Ursache, seinen Druckgefühlen, seinen Gedanken, Empfindungen, seinen Erregungen, Ängsten, seinen Aggressionen oder im Aufleben alter, schon überwunden geglaubter Programme selbst erkennen, so könnte er sich durch den Weg der Bereinigung der direkten Beeinflussung seitens der Seele weitgehend entziehen. Aufgelöst ist seine Schuld jedoch erst dann, wenn ihm die Seele desjenigen, den er durch Projektionen von Gedankenenergien zur Tat angestiftet hat, vergeben hat.

Ähnliches kann erfolgen, wenn eine Seele, die an einen Menschen durch eine gemeinsame Schuld gebunden ist, zur Inkarnation geht. Die Eingaben in den Gestirnen geben ihr diese Bahn vor, damit sie – unter Umständen in einem kurzen irdischen Lebensabschnitt – mit dem Mittäter, der noch Mensch ist, zusammentrifft, um gemeinsam die Schuld zu bereinigen.

Ist die Seele, die nun im Erdenkleid ist, der Mensch, sehr aufgebracht, ist er noch voller Haß und Rachsucht und will weder vergeben noch um Vergebung bitten, ist er also noch uneinsichtig, dann ist es möglich, daß er – wiederum über die aktiven Eingaben, die beide, Anstifter und Täter, bestrahlen – in die Denkwelt des anderen Menschen Negativenergien einfließen läßt. So kann er diesen intensiv negativ beeinflussen, in Unglück und weitere Schuld hineinmanövrieren oder ihn gar auf unterschiedliche Art und Weise vorzeitig in den Tod treiben, sofern der andere in der Todesspanne steht.

Weil ihre Eingaben in die Speichersterne beide, Anstifter und Täter, bestrahlen, um sie zur Vergebung anzuregen, dies jedoch nicht geschieht, kann dann die Seele des in den Tod Getriebenen mit jener Seele, die den Tod des anderen herbeigeführt hat, wieder zusammentreffen, indem sie in einem Zeitabstand von Monaten oder Jahren erneut zur Inkarnation geht. Dann begegnen sich beide als Menschen und werden durch ihre Entsprechungen darauf aufmerksam, daß sie etwas und was sie miteinander zu bereinigen haben. Wie wir uns dann verhalten, liegt in unserem freien Willen.

Auch folgender Vorgang ist möglich: Ein Mensch kann eine Seele anziehen, um sich von ihr beeinflussen zu lassen oder sie gar zur Inkarnation zu bewegen.

Die Abläufe folgen wieder ähnlichen Gesetzmäßigkeiten: Hat eine Seele gleiche oder ähnliche Anlagen wie ein Mensch, so ist das Sende- und Empfangspotential beider ähnlich. Nach dem Prinzip »Gleiches zieht Gleiches an« können wir über das Aussenden von Gefühlen und Gedanken leicht erdnahe Seelen anziehen oder Seelen, an die wir gebunden sind bzw. sie an uns.

Innerhalb eines »Karmaverbundes« von Anstiftern, Tätern und Opfern können immer wieder weitere Negativaktionen laufen, weil die Negativkommunikationen schon bestehen. Das Schuldgeflecht eines solchen – oftmals großen – Menschen- und Seelenkreises ist vielfach ein

Knäuel, das uns, könnten wir es wahrnehmen, erschrecken ließe.

So können Menschen untereinander sowie Menschen und Seelen mit gleichen oder ähnlichen Egoaspekten – z.B. auch Anstifter, Täter und Opfer – sichtbar oder unsichtbar aufeinander einwirken, weil Gleiches immer wieder Gleiches befruchtet.

Beschränken wir uns in dieser Darlegung um der Klarheit willen auf die Beziehung Anstifter – Täter. Bedenken wir immer, daß es keine Rolle spielt, ob Anstifter und Täter sich in diesem oder in einem anderen Leben persönlich gekannt haben! Wir können also an Vorgängen und bezüglich Menschen und Seelen erhebliche Mitschuld tragen, von denen wir nicht wissen. Uns signalisieren aber unsere aktiven Entsprechungen, das Pochen des Gewissens, eventuell auch schmerzliche Gefühle von Betroffenheit und Weh, daß etwas in uns vorliegt, das anstünde, bereinigt zu werden.

Eventuell sind wir einmal »nur« ein Grübler gewesen, haben z.B. Selbstmordgedanken in uns bewegt. Daß wir sie auch ausgesandt haben und sie eventuell einem Mitmenschen als den letzten Wermutstropfen in den Becher seines Weltschmerzes, gleich Selbstmitleids, haben fallen lassen, so daß er den Schritt in den Tod tat – das war uns eventuell damals nicht bewußt. Und doch wurden wir so – eventuell vielfach – schuldig.

Natürlich wirken nicht nur Gedanken als Anstifter, sondern auch das geschriebene Wort. Gerade Schriftsteller, Journalisten und weitere, die das gesprochene oder geschriebene Wort in die Welt hinausgeben, sollten sich bewußt sein, daß sie für jedes Wort und dessen Wirkung in ihren Mitmenschen verantwortlich sind. Das gilt auch für Politiker, für Päpste, für Pfarrer, für Lehrer – und für jeden von uns. Jeder Gedanke, jedes Wort ist Energie und hat seine Wirkung, je nachdem, womit es gefüllt ist.

Wir leben gefährlich im Gesetz von Ursache und Wirkung, in der Welt unserer Entsprechungen! Aus dem Gesagten wird außerdem deutlich, daß wir nicht nur für viele andere zur Gefahr werden können, sondern auch für uns selbst, denn alles, was wir – in Gefühlen, Empfindungen, Gedanken, Worten und Taten – anrichten, gleich aussäen, kommt auf uns selbst zurück.

Zurück zum Anstifter und Täter. Werden die Eingaben aktiv, strahlen also die Speichersterne, in denen die Schuld beider festgehalten ist, auf ihre Seelen ein, dann bringt dies in beiden Gedanken und dergleichen in Aktion, damit die Seele drüben und der Mensch herüben erkannte Sünden bereinigen. Ob sich beide in diesem Leben gekannt haben, spielt hierbei also keine Rolle, denn es geht um die Bereinigung des Sündhaften.

Wie reagiert nun der Mensch, in dem die Speichersterne Aspekte von Haß, von Neid oder von Triebhaftigkeit angeregt haben, damit dieser die Wurzeln des Übels mit Christus bereinigt und nicht mehr tut?

Der Mensch, der in diesem Beispiel eventuell ein Aufflackern eines Wunsches nach Ehebruch verspürt – was tut er? Spricht er zu sich selbst: »Hier macht sich eine Entsprechung bemerkbar, eine Ursache. Diese Aufwallungen wollen mir etwas sagen. Heute ist mir die Kraft gegeben, Schuld zu bereinigen und diese gegensätzliche Regung mit Christus aufzulösen, um frei zu werden für Höheres«? Oder nährt er erneut dieses Sündhafte und sendet entsprechend? Dann wird er eventuell wieder zum Anstifter. Oder handelt er gar, begeht also Ehebruch und baut eine neue Bindung auf?

Ist die Seele des »Mitschuldigen«, des ehemaligen »Anstifters«, zu diesem Zeitpunkt im Jenseits, so kann dieser Mensch, in dem die alten Leidenschaften, Wünsche und Triebhaftigkeiten aktiv geworden sind, jene Seele, die in der gleichen Wunschwelt von Leidenschaft und Triebhaftigkeit steht, durch Senden, also telepathisch, so massiv beeinflussen, daß diese unter dem Druck der Beeinflussung unendlich leidet, weil die Sünden in Bildern auftreten, die sie das leiden läßt, was sie anderen zugefügt hat. Die Speicherplaneten, die beider Eingaben in deren Seelen strahlen, können die Bahn sein für eine frühzeitige Inkarnation der vom Menschen angesendeten Seele. Geht diese unter diesem Einfluß zur Einverleibung, so hat sie unter Umständen schon vom Beginn des Menschseins an sehr zu leiden, weil sie mit der aktiven Seelenschuld in die Einverleibung ging.

Durch diesen Vorgang findet eine neue Bindung statt: Die Seele des Menschen, die jene mitschuldige Seele von drüben durch entsprechendes Aussenden von Gedanken zur Inkarnation angestiftet hat, ist um einiges mehr an diese nun frühzeitig inkarnierte Seele gebunden.

Dies sind nur einige Beispiele für Verknüpfungsfäden im unermeßlich großen Netz unserer Entsprechungen, gleich unserer Schuld.

Auf diese Weise kann sich ein unvorstellbar verknotetes und verwickeltes Karmanetz aufgebaut haben und aufbauen, das Seelen und Menschen allein nie lösen könnten. Deshalb kam der Sohn Gottes in diese Welt und wurde unser Erlöser. Er ist der einzige, der es vermag, uns von diesen Verstrickungen zu lösen – dann, wenn wir es wollen, denn jeder hat den freien Willen. Wir können frei werden, indem wir uns im innigen Gebet und in tiefer Reue an Christus in uns wenden, um Vergebung bitten – ob wir in dieser Inkarnation diese Menschen kennen oder nicht –, und auch unserem Nächsten vergeben, der sich an uns versündigt hat – ob wir ihn kennen oder nicht –, und wenn wir gleiche oder ähnliche Sünden, die sich durch unsere negativen Gedanken, Worte und Handlungen aufbauten und aufbauen, nicht mehr tun. Dann kann Christus dieses verknüpfte Netzwerk lösen, und wir werden frei, wenn uns der andere vergibt.

Machen wir uns noch einmal bewußt, was als Aussage in der Bibel sinngemäß steht: »Ich sage euch: Über jedes unnütze Wort, das die Menschen reden, werden sie am Tag des Gerichts Rechenschaft ablegen müssen; denn aufgrund deiner Worte wirst du freigesprochen, und aufgrund deiner Worte wirst du verurteilt werden.« Ein »unnützes Wort« kann also ein gottabgekehrtes Wort, ein haßgefülltes Wort, ein neidvoller Gedanke oder ein triebhafter Wunschgedanke sein. Alles ist Energie. Nichts geht verloren. Sowohl das Positive als auch das Negative findet im Menschen ein Echo, denn so, wie der Mensch in den Wald – in die Welt und in den Kosmos – hineinruft, in gleicher Weise kommt das Echo zurück.

Wie können wir aus der Fremdprogrammierung herausfinden?

Solange wir unser Sündhaftes ausleben, werden wir von diesen unseren Entsprechungen beeinflußt und gesteuert. Wird uns das bewußt und beginnen wir, ganz allmählich aus dem Kreislauf des Sündigens und der Beeinflussung unseres Nächsten herauszugelangen, um mehr und mehr aus dem Geiste Gottes zu leben, dann erfassen wir immer mehr, daß es für diesen Weg nur einen Helfer gibt: Christus.

Gehen wir auf Christus in uns einen Schritt zu, indem wir uns täglich mehr bemühen, die Gebote Gottes zu erfüllen, dann kommt uns Christus mehrere Schritte entgegen. Nur auf diese Weise finden wir aus der Zwangsjacke unserer Sünde heraus und treten allmählich in Kommunikation mit unserem göttlichen Erbe. Das ist die Befreiung durch unseren Retter, Christus.

Wer die Schritte hin zu Christus tut, sät gute Gedanken, bringt eine gute Saat in die Atmosphäre ein durch das Prinzip »Gutes Senden – Gutes Empfangen«. Von diesem unserem guten Sendepotential können gute Gedanken, gute Tropfen, in das aufschäumende, egoistische, gefahrvolle Denken eines Nächsten fallen. Ein guter Tropfen, ein guter Gedanke, kann dazu beitragen, unseren Nächsten umzustimmen, so daß er seine von ihm schon vorbereitete gefährliche Tat nicht ausführt. Ein guter Gedanke, ein guter Tropfen aus dem Sendepotential eines Gott zustrebenden Menschen, kann einen Mitmenschen anregen, etwas nicht zu tun, was ihm unter Umständen sein ganzes irdisches Leben zunichte gemacht hätte.

Tragen wir viele Fremdprogramme in uns, die wir durch ein entsprechendes Verhalten noch erweitert haben, dann wird es vielfach schwer werden, die mitgebrachten und die in diesem Leben geschaffenen weiteren Negativprogramme – unsere Ichprogramme – zu finden.

Ein Fremdprogrammierter, der oftmals auch fremdgesteuert ist, sollte sich in seine Jugendzeit zurückversetzen, bis zu dem Alter, an das er sich noch erinnern kann. Dann sollte er mit der Selbstfindung seiner ersten, ihm bewußten Programme beginnen, um den Einschnitt der Fremdprogrammierung in seinem Leben zu erfassen. Er sollte sich rückbesinnen, wie sie ihm eingepflanzt wurde und was er daraus gemacht hat.

Werden ihm seine Jugendprogramme bewußt, dann sollte er daraus sein Fehlverhalten erkennen, also die erkannten Sünden mit der Kraft Christi bereinigen und nicht mehr tun. Führt er diese Analyse seines Lebens ernsthaft und gewissenhaft durch, dann ist es möglich, daß er einen Teil seiner m i t g e b r a c h t e n Programme wieder findet. Auf dem Weg der Bereinigung seiner Sünden können ihm dann auch aus den Fremdprogrammen jene Sünden bewußt werden, die er auf die Fremdprogramme aufgepfropft hat.

Wichtig ist, daß wir, den Schritten unserer Erkenntnis folgend, bewußt die Neuprogrammierung vornehmen. Die bloße Verneinung des alten, sündhaften Programms genügt nicht. Wir müssen uns, um frei zu werden und die Eigenständigkeit in unserem Inneren, in unserem ewigen Selbst, zu finden, klar entscheiden und uns die neue Zielrichtung sowie die Schritte dorthin vorgeben. Sind die neuen Ziele und Werte Gesetzmäßigkeiten Gottes im Sinne der Zehn Gebote, der Bergpredigt oder des Gebotes der Gottes- und Nächstenliebe, so sind diese Vorgaben für uns Stütze, Orientierung und auch eine Quelle der Kraft, denn sie sind Teil unseres ewigen göttlichen Wesens, das wir durch Bejahung und Verwirklichung, durch Konsequenz und Selbstüberwindung, immer mehr entfalten.

Weitere Verknüpfungen im Netzwerk von Saat und Ernte durch Spionagetätigkeit für Interessengruppen von Seelen

Im Netzwerk von Saat und Ernte gibt es unzählige Verflechtungen und Verknüpfungen, und stets sind wir, die Menschen, mit unseren Entsprechungen, unserer Ichsucht, daran beteiligt. Anhand der wenigen Schilderungen, die in diesem Buch aufgezeichnet sind, soll uns bewußt werden, wie nahe uns die Gegensatzkräfte oder auch erdgebundene Seelen sind und wie geschickt sie es verstehen, unsere Schwächen zu nützen, um uns – und über uns den Aufbau von Positivem auf dieser Erde – zu Fall zu bringen. Ein Beispiel:

Eine Gruppe von Menschen, eine Interessengruppe – wir wollen sie A nennen – schließt sich zusammen, um ihr gemeinsames Vorhaben, z.B. den Ausbau einer Maschinenanlage oder die Förderung eines Betriebes, weiterzuentwickeln. Es ist möglich, daß sich in jener Gruppe ein nur scheinbar Gleichgesinnter befindet, der die gemeinsamen Interessen der Gruppe für sich ausnutzen möchte, um sich persönlich an dem Gemeinschaftswerk zu bereichern. Dieser scheinbar Interessierte kann das Hörrohr für eine Interessengruppe von Seelen des Jenseits sein – wir nennen sie B –, die über das menschliche Hörrohr in der Gruppe A das erhorcht, was die Interessengruppen von Seelen für ihre Zwecke verwenden möchte.

Es könnte beispielsweise sein, daß Informationen aus der Gruppe A auf dem Weg über die Gruppe B in einen anderen Betrieb oder in eine andere irdische Interessengruppe – wir nennen sie C – eingeschleust werden sollen, die der jenseitigen Interessengruppe B nahesteht. Vielleicht haben diese jenseitige (B) und jene irdische Interessengruppe (C) ein gemeinsames Anliegen, z.B. den gemeinsamen Plan – als Schritt zur Verfolgung bestimmter Ziele –, eine detailliertere Genmanipulation in die Welt einzuführen. Oder jene Seelengruppe (B) hat Interesse daran, daß ein Großbetrieb besonders gefördert wird, weil sich dann – gemäß ihren Eingaben, die über die Planeten bereits aktiviert werden – einige aus der Gruppe (B) wieder inkarnieren können, um später in diesen Großbetrieb aufgenommen zu werden, dort den entsprechenden Einfluß zu haben und im Sinne bestimmter Interessen zu wirken.

An dieser Stelle sei betont, daß es sich bei Seelen, die in irdisch-weltliche Abläufe einzugreifen bestrebt sind, niemals um Seelen mit höherem Bewußtsein, also höherem geistigen Entwicklungsgrad, handelt. Es sind erdgebundene Seelen, die ihren Blick nicht himmelwärts wenden, also nicht die Schritte tun, um ihr göttliches Erbe anzutreten, sondern die ihr

Heil auf Erden suchen, im Irdischen. Und das Irdisch-Allzumenschliche ist nicht das Göttliche, sondern die Umpolung des Göttlichen, das Gegensätzliche. Also sind von diesen Einflüssen aus dem Seelenreich auch keine Impulse zur Höherentwicklung der Menschheit und zum Guten, Positiven zu erwarten.

Seelen können sich also menschlicher Spione bedienen, deren Schwingung ihrer Schwingungszahl gleicht oder deren Seelen zu ihrem Seelenkomplott gehören. Diese Hörrohre für Seelen, auch Spione für Seelen genannt, ermöglichen den Seelen, in dieser irdischen Interessengruppe (A) mitzuhören. Wir kennen bereits das Prinzip »Gleiches zieht Gleiches« an. Jede Gruppe, jede Gemeinschaft von Menschen – wie auch von Seelen – hat ein spezifisches Energiefeld mit einer spezifischen Schwingung, gleich Strahlung. Hat eine irdische Interessengruppe, die ein Werk aufbauen oder für einen positiven Zweck verschiedenste wesentliche Punkte analysieren und gemeinsam ausbauen möchte, eine höhere Schwingung, eine höhere Frequenz als jene Seelen, die in der Welt einiges in ihrem Sinne bewirken möchten, dann haben diese keinen Zugang zu dieser irdischen Gruppe. Da dieses Energiefeld also eine höhere Schwingung, gleich Strahlung, hat als sie selbst, haben die niederen Seelen auch keinen Einblick. Deshalb schleusen sie vielfach einen nur scheinbar interessierten Menschen ein, der ihrer Seelenschwingung gleicht oder dessen Seele eine von ihnen ist. Mit diesem gleichschwingenden Menschen finden sie schwingungsmäßig Zugang in diese Interessengruppe (A). Sie bauen sich damit gleichsam einen Kanal, ein Hörrohr, das in diese irdische Gruppe hineinragt.

Dem Spion muß nicht bewußt sein, daß er einer ist. Er kann jedoch an seiner unlauteren Motivation, die ihm in seinen Gefühlen, Empfindungen und Gedanken und an seinen Reaktionen deutlich wird, erkennen, daß er von der Gegenseite benutzt werden kann, weil seine Gedankenwelt, die seine Aura prägt, sich auf dem Schwingungslevel der Gegenseite befindet. Aus der Aura des Spions lesen die Seelen das von diesem Erhorchte ab. So kann er für diese Interessengemeinschaft (A), in die er eingeschleust wurde, zum Verräter, zum Judas, werden.

Was die irdische Gruppe (A) im Stillen ausbaut, kann dann von der Seelengruppe über gleich- oder ähnlichschwingende Instrumente, gleich Übermittler, in andere Menschen und in andere irdische Interessengruppen (B, C oder D) – eventuell zum Zwecke der »Sabotage« – eingeschleust werden. Dieser eigennützig denkende Mitläufer in der Gruppe A ist nun an die Seelen und Menschen der Interessengruppe A gebunden, die er für seine Zwecke ausgenutzt hat. Erst dann, wenn die Gruppe A dem Spion vergeben hat, kann ihm auch Gott vergeben. Dann erst kann die Seele ihren Weg weitergehen. Solange keine Vergebung erfolgt, kann sich das Netzwerk immer mehr erweitern, verdichten und verknüpfen, dann, wenn der Mensch wiederholt Gleiches oder Ähnliches tut.

Wir erkennen immer wieder, daß Gott uns über die Tagesenergie aufmerksam macht, uns aufzeigt, uns erinnert und uns mahnt. Er gab uns die Zehn Gebote und die Bergpredigt, Er gibt uns Lehren und Hinweise. Gott und die göttlichen Wesen klopfen an unser Gewissen. Weder Gott, der Ewige, dessen Kinder wir sind, noch die göttlichen Wesen, deren Geschwister wir sind, beeinflussen uns jedoch. Sie ermahnen und erinnern uns lediglich über unsere Gefühle, Erinnerungen und Gedanken, denn Gott hat uns als mündige Kinder geschaffen und uns den freien Willen zur freien Entscheidung gegeben.

Leben wir in Gott, so kommt nach dem Prinzip »Senden und Empfangen« das Göttliche, das Gute, auf uns zu. Fördern wir das Negative, die Sünde, und ziehen wir über unser Sündhaftes – ebenfalls aufgrund des Prinzips »Senden und Empfangen« – Gegensatzkräfte an, dann werden uns unsere Sünde und die

Gegensatzkräfte beeinflussen. Gemäß unserer Saat werden wir auch ernten.

Immer wieder sollten wir uns bewußt werden: Aus diesem Netzwerk, das wir uns gesponnen haben und spinnen, kommen wir ohne die Hilfe des Christus Gottes nicht heraus. Deshalb ist für jeden Menschen und für jede Seele Christus der Erlöser, der uns hilft, frei zu werden. Auf dem Weg der Bereinigung und der Verwirklichung der Gesetze Gottes lösen wir uns aus dem Netzwerk unserer Sünden und kehren als Erlöste in das Vaterhaus zurück.

Die »Tourenzahl« des menschlichen Ichs bestimmt unser irdisches Dasein

Jeder Körper klingt und schwingt. Die Schwingungszahl des Körpers ist gleichsam die Tourenzahl des physischen Leibes.

Denken wir an den Motor eines Fahrzeugs: Entsprechend der Tourenzahl klingt der Fahrzeugkörper. Ähnlich ist es mit dem menschlichen Körper: So, wie der Mensch in seiner Gefühls- und Gedankenwelt, mit seinen Worten und Handlungen gleichsam »tourt«, entsprechend ist sein Aussehen und sein Verhalten. Die Tourenzahl des menschlichen Ichs bestimmt die Schicksalsschläge und die Krankheiten.

Im Heute bestimmt der Mensch sein Morgen. Der Mensch von heute kann wieder der Mensch von morgen sein, jedoch mit einer anderen Körperzeichnung, eben mit jener, die er in Vorinkarnationen selbst bestimmt hat und die seine Seele wieder in einen anderen Körper mitbrachte. Er ist dann von den aktiven Programmen, von der Seelenschwingung – der »Tourenzahl« der Seele – gezeichnet.

Die Erbanlagen des Menschen entsprechen immer den Eingaben in der Seele, dem Bewußtseinsstand, den die Seele im Jenseits trägt und den sie mit in ihre Einverleibung bringt. Ihre aktiven Programme und jene, die im Laufe ihres Erdenlebens aktiv werden, bestimmen ihr irdisches Dasein.

Wir sollten uns des öfteren bewußt machen: Das, was wir beim Abschied von der Welt als Seele mitnehmen und im Jenseits nicht bereinigen, bringen wir wieder mit in das Diesseits. Wir werden dann als Mensch an jenen Orten dieser Welt leben, wo Menschen einen Teil unserer Gene tragen. Sie zeugen auch unseren Körper, so daß wir wieder bei jenen Menschen sind, mit denen wir in Vorinkarnationen das nicht bereinigt haben, was damals zur Erledigung anstand. In diesem Erdenleben haben wir erneut die Möglichkeit zur Bereinigung.

Zwischen Seele und Genen besteht ein enges Zusammenwirken. Unsere Gene verbinden uns nicht nur mit unseren Ahnen, mit unserem »Stammbaum«. Die Belastung der Seele und die sich daraus ergebenden Erbanlagen binden uns auch an die Menschen, die wir in Vorinkarnationen programmiert, das heißt uns zu Willen gemacht haben. Die Anziehung von Menschen geht also weit über die Ahnenkette hinaus.

Es ist nicht selten, daß wir beim Spaziergang, beim Einkaufen, auf dem Weg zum Arbeitsplatz – generell auf den Straßen dieser Welt – Menschen begegnen, die uns entweder sympathisch oder unsympathisch sind. Nicht nur unsere Gedanken, sondern vorwiegend unsere Gefühle geben uns Aufschluß darüber, was uns mit diesen Menschen verbindet oder was uns an sie bindet oder auch, was sie – z.B. in ehemaligen Situationen und Begebenheiten – in uns bewegt haben.

Es ist also nicht Zufall, daß unser Blick auf diesen oder jenen Menschen fällt, der in uns eine Bewegung auslöst oder uns veranlaßt, zu denken. Gleiche oder ähnliche Schwingungen haben uns angezogen. Sie senden und teilen sich uns mit. Das Verbindende oder das Ablehnende muß nicht immer von unserem Nächsten ausgehen. Es ist möglich, daß wir es waren, der in Vorexistenzen Eingaben in unseren

Nächsten eingepflanzt hat, die bei dieser Begegnung in Schwingung kommen und Gleiches oder Ähnliches in uns bewegen.

Wer sich selbst beobachtet und seine Gedanken und Gefühle analysiert, die sich im Augenblick der Begegnung in ihm regen, der erkennt, was er bei sich selbst bereinigen, also umwandeln sollte, z.B. von einer niederen, abwertenden zu einer höheren, verbindenden Schwingung. Klingen unsere Entsprechungen an und wir beachten unsere Bewegung nicht, so werden wir unter Umständen den scheinbar unbekannten Straßenpassanten wieder treffen – wenn nicht in diesem irdischen Dasein, dann als Seele in den Seelenreichen oder in einer weiteren Einverleibung. In einer weiteren Inkarnation kann er dann unser Mann oder unsere Frau, unser Kind, ein Anverwandter, ein Freund, ein Mitarbeiter oder der Vorgesetzte sein, je nachdem, was bei uns an Bindendem zugrunde liegt. Heute jedoch ist uns die Chance gegeben, diese Bindung zu lösen, damit unsere Seele und die unseres Nächsten frei werden kann.

Jeder von uns bestimmt heute sein Morgen. Gehen wir achtlos an dem vorüber, was uns erregt, was unsere Gefühls- und Gedankenwelt in Wallung bringt, so kann dies die Saat für unser Morgen sein. Wir werden diesem Erregenden, ähnlichen Gefühlen und Gedanken, wieder begegnen, eventuell stärker ausgeprägt, eindringlicher und »hautnaher« als heute.

So vergrößern und erweitern wir das Potential unserer Entsprechungen, unseres Sündhaften. Es prägt möglicherweise morgen unsere Körperform, denn in einer anderen Daseinsform werden wir entsprechend unseren aktiven Eingaben aussehen. Damit zeichnen wir unseren Körper, entweder mit unseren guten Seiten oder mit unserem Sündhaften. Ebenso gilt: Was uns heute erregt, wovon wir heute gezeichnet sind, das haben wir uns gestern vorgegeben.

Als Seele im Jenseits werden wir nicht anders sein als im Diesseits, nur daß unser Körper feinstofflicher Art ist. Die Ausstrahlung der Seele ist das Kleid ihrer Inkarnation. Was hier im Diesseits ist, das ist auch im Jenseits. Was uns heute im Diesseits entspricht, das entspricht uns auch morgen, im Jenseits. Es ändert sich nur der Aggregatzustand vom grobstofflichen Körper in einen feineren Stoff, den wir Seele nennen. Unsere Eingaben jedoch sind dieselben, denn so, wie der Baum fällt, bleibt er liegen.

Nicht nur in der Begegnung mit Menschen erleben wir unsere guten Seiten und unsere Entsprechungen, das Sündhafte. Sehen wir Gemälde oder Häuser, Blumen, Steine, Gärten, Einrichtungen bis hin zu den kleinsten Gegenständen – es können in uns die guten Seiten anschwingen oder aber unsere Entsprechungen, das Sündhafte.

Alles, was wir sehen oder hören – wie z.B. den Gesang der Vögel, laute und schrille Töne, disharmonische oder harmonische Musik und vieles, vieles mehr –, hilft uns, unser Fluidum, unsere Eingaben, das Positive und das Negative, zu finden und zu erkennen. Das gleiche gilt für das Riechen, Schmecken, Tasten. Die Kombinationen Sehen, Hören, Riechen, Schmekken, Tasten zeigen uns in Verbindung mit unserer Gefühls-, Empfindungs- und Gedankenwelt, wer wir wirklich sind.

Zwischen unserer Sinneswelt und unseren Gefühlen, Gedanken, Worten und Handlungen, unseren Leidenschaften, Wünschen, Sehnsüchten und dergleichen besteht eine beständige Wechselwirkung. Die Welt unserer Sinne wirkt auf unser Positives und auf unser Negatives ein, das sich in unserem Verhalten, das unser Charakterbild ist, ausdrückt. Unser Verhalten wiederum wirkt auf unsere Sinneswelt ein. Aus all diesen Programmen und den Kommunikationen ergibt sich unsere Ausstrahlung, unser Fluidum. Das heißt, unsere Sinneswelt, die mit ausschlaggebend war und ist, unser Verhalten, unseren menschlichen Charakter zu prägen, regt unsere Charaktereigenschaften immer wieder an.

Für uns heißt es also: Wollen wir unser sündhaftes, unser persönliches Gesetz, unser Entsprechungsgesetz, erkennen, um es mit der Christus-Gottes-Kraft zu bereinigen und nicht mehr zu tun, dann reinigen wir unsere Seele und unsere Sinne. Oder wir lassen unseren Regungen freien Lauf, bilden also unseren negativen Charakter weiter aus; dann geben wir damit heute unserer Seele die Prägung, die morgen unsere Körperform sein kann.

Jeder einzelne hat die Wahl.

Unser Partner - unser Allernächster. Auf- und Ausbau des Netzes von Bindung in Ehe und Partnerschaft

Jeder Mensch erlebt im Verlaufe seines Erdenganges seine Zeitenwenden, denn unser irdisches Leben gliedert sich ähnlich wie das Jahr in die Zeitspannen, die Phasen von Frühling, Sommer, Herbst und Winter. Die Phasen im Lebenslauf des Menschen entsprechen dem Ablauf der Lebensvorgänge seines physischen Körpers. Er verläuft in Rhythmen, die wir auch Lebenssprünge nennen können. Immer dann, wenn Zeiten- gleich Lebenssprünge eintreten, ändert sich beim Menschen in mancherlei Hinsicht die Gesinnung; er wechselt in eine andere Denkwelt über.

Der Übergang vom Frühling in den Sommer eines Erdenlebens wird Pubertät genannt; das Kind reift zum Erwachsenen, zum Mann, zur Frau, heran. Der reifer werdende junge Mensch nimmt Abschied vom Frühling, vom unkomplizierten, freien Leben, von der Geborgenheit im Elternhaus. Der Mensch schafft sich nach eigenen Maßstäben ein neues Leben, das ganz andere Gefühle, Worte und Handlungen hat. Er geht also mit allem, was er bis dahin gelernt und sich angeeignet hat, in den Sommer über.

In der Natur läßt der Übergang vom Frühling zum Sommer den Saft noch einmal verstärkt in die Pflanzenwelt strömen, so daß sich am Baum die Blüten und die ersten Früchte zeigen, die dann im Sommer zur Reife gelangen. Bei uns Menschen ist es ähnlich. Gerade im Übergang von der Pubertät zum Erwachsensein steigen noch einmal intensiv die Kräfte, welche unter anderem die Wünsche nach der Fortpflanzung des Lebens beinhalten. Diese gesetzmäßigen Kräfte, die der Erhaltung und Fortpflanzung des Lebens dienen, polten wir vielfach um. Das Leben schaffende und gebende Prinzip transformierten wir – durch die Umpolung zum Habenwollen, zum Nehmen – herunter zur Sexualität, die auf Lustgewinn ausgerichtet ist.

Wie die Natur tätig ist, um die Frucht zu bringen, die der jeweiligen Art entspricht, so wird auch der junge Mensch mehr und mehr tätig, eine Zweierbeziehung einzugehen, um den Lebenstrieb zur Frucht werden zu lassen, die, vom Reinen her gesehen, heißt: Der Zweig am Baum des Lebens möchte Früchte, gleich Kinder, bringen.

Naturgegeben wäre es also, Kinder zu zeugen. Da die meisten Seelen, die jetzt einverleibt, also Mensch sind, aus Vorexistenzen den Wunsch nach Fortpflanzung umgepolt in sich tragen, nimmt der Wunsch nach Sexualität, gleichsam nach Sexualität zum Selbstzweck, mehr und mehr zu. Das bedeutet: Der körperliche Akt wird letztlich mißbraucht. Es darf nur eine oder keine Frucht hervorgebracht werden, höchstens ein Kind oder zwei Kinder. Doch die Sexualität, die man auch eine kurzzeitige Entspannungsmöglichkeit nennen kann, ist geblieben.

Die Sexualität um ihrer selbst willen ist ein Spiel mit Kräften, die zur Schaffung von Leben und nicht zum Spiel, zur sinnlosen Vergeudung, gegeben sind. Im sexuellen Austausch wird bewußt eine sinnliche Spannung aufgebaut, die sich dann in einer »Reizüberflutung« entlädt. Dabei verlieren sowohl der Mann als auch die Frau eine große Menge an Körper- und Seelenenergie. Der Höhepunkt des körperlichen Aktes wird als Entspannung empfunden.

Das Leben des Menschen in unserer Welt bringt mancherlei Anspannung, Druck- und

Versagenssituationen, Streß und Verdruß – das Nervensystem gerät in Spannung und Vibration. Vielfach wird in der Sexualität der Ausgleich, die Entspannung gesucht. Da der Kollaps der Nervenreize, die herbeigeführte Entspannung, jedoch keine Lösung dessen bringt, was zur nervlichen Überstrapaziertheit geführt hat, bleiben die Ursachen bestehen – wieder baut sich die Anspannung und damit der Wunsch nach sexueller Entspannung auf. Um sich also in der Sexualität zu entspannen, nimmt der Mann die Frau und die Frau den Mann.

Bringen wir es auf diesen kurzen Nenner, so läßt sich sagen: Mann und Frau finden vielfach zu einer »Paarschaft« zusammen, um auf diese Weise ihr Leben »gemeinsam zu meistern«. Ergänzt sich die Sexualliebe von beiden, sind sie also in der Körperbezogenheit eins, so ergibt sich – durch Senden und Empfangen, aus vielen vom einen zum anderen schwingenden Wunsch-, Sehnsuchts-, Erwartungs- und weiteren Energien – ein Kommunikations- gleich Schwingungsfeld, das menschlich reizvoll ist und als Verliebtheit oder Liebe bezeichnet wird. Aus diesem Reiz-, Lust- und Entspannungstrieb heraus sieht dann die Frau beim Mann und der Mann bei der Frau noch einige wesentliche Aspekte, die ihnen gefallen, die sie aber selbst nicht besitzen, sondern beim anderen schön und nützlich finden, der diese dann eventuell in eine Ehe einbringen könnte.

Das alles nennt man dann »Liebe«. Beide glauben, das müsse für das Glück, das man voneinander erwartet, genügen. Entweder geben sich Mann und Frau dann ein Versprechen für das irdische Leben, heiraten vor einem Standesamt und vor einem Priester oder Pfarrer; anderen wieder genügt das Zusammenleben in einer sogenannten Partnerschaft.

Die »Paarschaft«, in der zwei Menschen eng aufeinander bezogen sind, beginnt, ob sie Ehe oder Partnerschaft genannt wird. Jeder erwartet vom anderen – und keiner von beiden will zu viel geben, denn die Liebe, so meinen sie, müßte sie in allem ergänzen. Vielleicht ergänzen sie sich in einigen Jahren noch in der Sexualität, aber in den Attributen, die einer dem anderen entgegenbringen soll – also eine Leistung erbringen soll –, wird es schon mehr und mehr schwieriger. Die ersten Unstimmigkeiten beginnen, und somit zieht Streit in Ehe und Partnerschaft ein. Oftmals unbeabsichtigt, wurde durch die Sexualwunschwelt ein Kind gezeugt, so daß in das sich anbahnende Mißverhältnis ein oder einige Kinder mit einbezogen sind.

Der eine macht nun dem anderen Vorwürfe, weil dieser dieses oder jenes nicht tut, z.B. das nicht erfüllt, was der eine von ihm vor der Ehe erwartet hat. Plötzlich tauchen die verschiedensten Entsprechungen auf, mit denen beide sich unter Umständen in Vorexistenzen gebunden und die sie nun wieder zusammengeführt haben. Anstatt diese Entsprechungen, diese Verknüpfungen im Netzwerk von Ursache und Wirkung, aufzulösen, streiten sie weiter, weil plötzlich einer den anderen ganz anders sieht, nämlich mit den Augen seines Entsprechungsgesetzes.

Die Zerwürfnisse werden immer schwerwiegender, und die Lust zur Körperlichkeit nimmt ab, weil man sich nicht mehr versteht, weil auch der Glorienschein aus den eigenen Erwartungen und Wünschen, den man um den anderen gesponnen hat, sich aufgelöst hat. Die sogenannte Liebe ist somit zerbrochen.

Die aktiven Entsprechungen steuern die Augen und den Trieb. Über die Augen treibt es dann den einen oder anderen zu einem weiteren Partner, zuerst heimlich, dann offiziell. Somit ist die Trennung vorprogrammiert. Die Kinder sind besonders schwer betroffen. Entweder werden sie abgeschoben oder einem Elternteil zugeschoben. Bis dieser Schritt erfolgt, dauert es unter Umständen Jahre, in denen das Hin- und Hergezerre vorherrscht. Die Bindungen, die Entsprechungen rufen laut; sie wollen gelöst sein. Bis sie schließlich – ungelöst – zur Seite geschoben sind, wird noch sehr viel an weiteren Entsprechungen und Bindungen aufgebaut.

Mitunter wird der Einwand erhoben: »Bei uns, in unserer Ehe bzw. Partnerschaft, ist es nicht so.« Entweder haben dann beide miteinander bereinigt und sind in sich selbst standfest geworden, so daß sie miteinander gehen können, ohne vom anderen etwas zu erwarten. Dann kann es sein, daß sie sich in ihrer Entwicklung zur höheren Ethik und Moral ausschließlich noch ergänzen. Es ist aber auch möglich, daß sie sich gegenseitig anschweigen, weil sie sich nichts mehr zu sagen haben. Dadurch kann ein scheinbarer Friede aufrecht erhalten werden. Dann können Fernsehprogramme und Kaffeeklatsch die Inhalte ihrer Unterhaltung sein. Sie haben sich in ihren Entsprechungen arrangiert. Oder beide haben voneinander die Gewohnheiten angenommen; Projektionen sind in gewissem Sinne »Gleichmacher«. Dann kann auch im Äußeren der »Friede« sein.

Jeder sucht nach Liebe und findet sie einzig in Gott.

Inzwischen ist der Mensch in den Sommer seines Lebens hineingegangen, ohne die guten Früchte, die Früchte der Verwirklichung der Gebote Gottes, zu bringen, denn jedem Menschen ist geboten, in der Erdenschule, in der er sich befindet, mit dem anderen das zu bereinigen, was ihn am anderen stört. Worüber er sich erregt, das ist ein Teil seiner Entsprechungen, seines Sündhaften, das er mit dem anderen bereinigen müßte, um sich von den Sünden zu lösen, die ihn an den Nächsten, z.B. an den Partner, binden. Beim nächsten großen Zeiten- gleich Lebenssprung, wenn der Mensch ganz allmählich vom Sommer in den Herbst übergeht, in der Mitte seines Lebens also, spürt er, daß sich sein Leben neigt, ähnlich wie sich die Krone eines Baumes neigt, die viele Früchte trägt.

Wer als Mensch keine guten Früchte bringt, weil er sich mit seinen Nächsten in seinen Gefühlen, Gedanken, Worten und Handlungen nicht verträgt – sei es in Ehe, Partnerschaft oder in einem Gemeinschaftsgefüge, aber auch am Arbeitsplatz –, der kommt in Panik. Seine Panik, die auf der aktiven Wunschwelt beruht, auf der Angst, etwas versäumt zu haben, beinhaltet weitere intensive Wünsche und Sehnsüchte: z.B. den Wunsch, sexuell mehr zu erleben, die Sehnsucht, einen anderen Partner zu haben, der – wie fälschlicherweise angenommen wird – jene Fähigkeiten und Attribute aufweist, die der vorhergehende Partner nicht hatte.

Das Leben hat diesem Menschen bisher nicht gebracht, was er gewünscht und sich vorgestellt hatte. Es wird kaum gefragt, woran das liegen könnte, denn für diesen Menschen ist offensichtlich und klar: Schon in der Kindheit begann es; da lag es an den Eltern, an den Lehrern. Auch die Freunde waren nicht so, wie sie hätten sein sollen. Der Partner hatte mehr versprochen, als er dann enttäuschenderweise gehalten hat – ein Reinfall also. Auch im Beruf hatte sich alles nicht so entwickelt, wie es sich angelassen hatte. Chef und Mitarbeiter haben nur das Ihre im Sinn und schätzen seine Qualitäten nicht so, wie es angemessen wäre. Also kommt der Wunsch auf, den Arbeitsplatz zu wechseln, um mehr zu verdienen und auf der Sprossenleiter des Erfolges höherzuklettern, oder es reift der Entschluß, eine Gemeinschaft zu verlassen, um anderswo das große Wort zu schwingen, seine Meinungen an den Mann zu bringen und seine ehrgeizigen Pläne, eine führende Rolle zu spielen, dort endlich zu verwirklichen.

Diese lebensverändernden Entscheidungen beruhen also auf jener Panik, die anzeigt, daß der Mensch den Sommer seines Lebens nicht genutzt hat. Er brachte kaum gesunde, wohlschmeckende Früchte, denn mit seinem Partner hat er seine Entsprechungen, das, was beide angezogen hatte, woran sie gebunden sind, nicht bereinigt. Am Arbeitsplatz wurden die vorhandenen Fähigkeiten nicht auf- und ausgebaut, weil der Streit, der in Ehe und Partnerschaft herrschte, auch am Arbeitsplatz seinen Niederschlag fand: Die Unstimmigkeiten in Ehe und Partnerschaft führten zu Unstimmigkeiten im Betrieb, denn aufgrund der Streitigkeiten ließ die Arbeitsqualität zu wünschen übrig. Dann begann der Streit im Betrieb, der den Wunsch nahelegt, sich an einem anderen Arbeitsplatz verbessern zu wollen, eine Gemeinschaft zu verlassen, weil man mit den dortigen Menschen nicht zurechtkommt – und nicht zuletzt ist auch die Scheidung vom Partner angesagt.

Wer in die verschiedensten Lebenssituationen des Menschen Einblick hat, der weiß, daß diese Lebensspanne der Umorientierung und Versuch des Neubeginns mit etwa 30 Jahren beginnen kann und zwischen 40 und 50 Jahren endet, wo dann beim Menschen die Panik eintritt, weil er in seinem Sommer kaum Früchte gebracht hat. Er müßte erkennen, daß das Leben bisher keine Sinnerfüllung brachte, nur Zank und Wechsel im Beruf. Das gesteht sich der Mensch selten ein. Er bezieht alles Versagen darauf, daß es in seiner Ehe oder Partnerschaft nicht geklappt habe, und er beschließt oftmals, eine neue Beziehung einzugehen. Man muß kein Prophet sein, um zu erkennen, daß auch diese Partnerschaft oder Beziehung nicht klappen wird, denn der Mensch sucht sich immer wieder seine Entsprechung und nach dem, was in der Wunschwelt liegt, das ihm andere erfüllen sollen.

Das gleiche gilt auch im Beruf und in der Gemeinschaft: Wer nicht weiß, was er will, der wird getrieben – von einer Blume, von einer Partnerschaft zur anderen, von einem Arbeitsplatz zum anderen und auch von einer Gemeinschaft zur anderen. Wir können noch so oft unser Hemd wechseln, wir ziehen immer wieder die gleiche Form und Farbe an.

Solange wir nicht zu uns selbst stehen und unser geistiges Selbst, unser wahres Ich, entwickeln, werden wir immer von unseren Nächsten das erwarten, was wir nicht haben und es daher auch nicht geben können. Solange wir unser geistiges Selbst nicht entwikkeln, werden wir auch keine Standfestigkeit erlangen, sondern immer auf der Suche sein nach Menschen, Arbeitsplätzen und Gemeinschaften, von denen wir glauben, sie könnten uns das geben, was wir letztlich nicht besitzen und auch nicht entwickeln wollen.

Am Herbst unseres Lebens stehen wir dann mit leeren Händen da, aber mit einer reichhaltigen negativen Erfahrung, mit einem Netzwerk, das unzählige Knoten und Fäden hat, die wir wieder entwirren müssen, entweder als Seelen in den Stätten der Reinigung oder in weiteren Inkarnationen.

Wer keine reifen Früchte bringt, wer seinen Sommer nicht genützt hat, der wird auch im Herbst nicht souverän sein, sondern ein kindlicher Greis, der auf sein menschlich-spektakuläres irdisches Dasein zurückblickt, das er, wenn möglich, immer wieder zitiert, um vielleicht von irgendeinem jüngeren Menschen Anerkennung zu bekommen für seine wilden

Triebe, die keine guten Früchte der Gottes- und Nächstenliebe trugen, sondern einzig das »Ich-ich-ich« im Netzwerk der Gefühle, Sehnsüchte, Leidenschaften, Triebhaftigkeiten und der Sprunghaftigkeit von einem zum anderen, von einer Arbeitsstelle zur anderen, von einer Gemeinschaft zur anderen. Was ist geblieben? Eine Leere, ein unerfülltes Leben, ein greisenhaftes Dasein, das nur um sich kreist. So, wie es bei ihm im Frühling und auch im Sommer war, so ist es nun auch im Herbst.

In einem einzigen Erdenleben können wir vom Netz unserer Entsprechungen – mit der Hilfe Christi – viele Knoten lösen und Fäden auflösen, wenn wir konsequent einem höheren Ziel folgen, die Impulse der Tagesenergie beachten und die Chancen wahrnehmen, die uns jeden Tag unser Leben bietet. Wir können in einer einzigen Inkarnation jedoch unser Netz des Sündhaften auch erheblich erweitern. Gerade unser Partner ist uns – im Gesetz von Saat und Ernte – nahe. Er ist gleichsam in besonderer Weise unser »Allernächster«. Lösen wir mit ihm, was zu lösen ist, dann löst die Gnade Gottes viele weitere Fäden der Schuld und Bindung mit auf, dann, wenn uns unser Nächster vergibt. Wir wissen: Gehen wir einen Schritt auf Christus zu, indem wir tun, was Er uns gebot, so kommt Er uns mehrere Schritte entgegen.

Ausreden ...
Wer die Gebote Gottes hält, gewinnt Weitblick und erschließt die Liebe und Weisheit Gottes

Jeder Mensch, einerlei, in welcher Religion er sich befindet, auch der Atheist oder Antichrist, ist durch die Gebote Gottes angehalten, diese zu erkennen und in seinem täglichen Leben anzuwenden, damit sich seine Seele reinigt und wieder ihr göttliches Erbe antritt, das allumfassende, ewige Gesetz der Liebe und Weisheit.

Wir Menschen haben viele Ausreden, warum wir dieses oder jenes getan haben oder tun, warum wir einer kirchlichen Institution angehören, warum wir glauben oder nicht glauben, weshalb wir dieses Gebot einmal so und dann wieder anders sehen, warum wir Gott in Zweifel ziehen oder an Seine Existenz glauben, warum wir von den Geheimnissen Gottes und von dem strafenden und züchtigenden Gott sprechen oder an den Gott der Liebe und Weisheit glauben und warum wir trotzdem weiter sündigen.

Alles, aber auch alles sündhafte Menschliche ist nichtig vor Gottes Angesicht. Wichtig ist eines: Die Gebote Gottes, die Er uns durch Mose gab, und die Bergpredigt, die uns Jesus lehrte und verkörperte, zu erfüllen. Jesus sprach am Ende Seiner Bergpredigt: »Wer diese Meine Lehre hört und tut sie, der gleicht einem klugen Mann, der sein Haus auf Fels baute ... Wer diese Meine Rede hört und tut sie nicht, der gleicht einem törichten Mann, der sein Haus auf Sand baute.«

Uns ist also geboten, die Gebote Gottes, zu denen auch die Bergpredigt Jesu gehört, zu erfüllen, einerlei, welche Meinungen, Vorstellungen, Theorien und Maximen wir haben. Wir kommen nicht umhin, unsere Sünden zu erkennen und zu bereinigen und nicht mehr zu tun.

Wer den Schritt in die Verwirklichung und Erfüllung des Göttlichen tut, wer also die alten Geleise des Allzumenschlichen verläßt, um es mit Gott zu wagen, der gewinnt weit mehr, als er hinter sich läßt. Der Tatchrist, der diese Entscheidungen getroffen und diese neuen Wege eingeschlagen hat, kann aus seiner Erfahrung sagen: Es lohnt sich, Gott zum Mittelpunkt seines Lebens und Seine Gebote zur Richtschnur seines Handelns zu machen. Denn wer die Gebote Gottes hält, der gewinnt Weitblick und mehr und mehr Einblick in die großen Gesetzmäßigkeiten der Liebe und Weisheit Gottes. Dann braucht er über Gott nicht mehr zu theoretisieren und zu philosophieren, dann braucht er seine Meinungen darüber, wie Gott ist oder sein solle, nicht mehr an den Mann zu bringen. Dann wird dieser Mensch auch nicht mehr von den Geheimnissen Gottes sprechen, weil der geläuterten Seele und dem gereinigten Menschen immer mehr offenbar wird, er also in die Tiefe blickt, die der vom Egoschleier Umgebene nicht ergründen kann.

Wer das Königreich des Inneren nicht erschließt, der hat auch keinen Einblick in das ewige Gesetz und keinen Zugang zum Reich des Inneren. Infolgedessen baut er »Geheimnisse« und Gottes »unergründlichen Ratschluß« in sein Gottesbild ein.

Wir sind also auf Erden, um unser göttliches Erbe zu erschließen, die Liebe und Weisheit, so daß unsere Sinne wahrnehmen, was in allem ist: Gott. Dann sind unsere Gefühle, Gedanken, Worte, Handlungen und Werke durchsonnt von Gott. Das ist Leben. Alles andere ist Vegetieren, bloße Meinung und Vorstellung, aufgeblähtes Schattendasein in einem Schattenkabinett, in welchem jeder in seinen Theorien und Auslegungen der Größte sein möchte.

Der weise, lichte Mensch mit hoher Seelenstrahlung und feiner Körperstruktur

Weise Menschen sind durchgeistigte, gleichsam durchsonnte Menschen, die mit dem Inneren Licht in Kommunikation stehen. Die Seele des durchgeistigten Menschen ist weitgehend geläutert und sein Körper gereinigt von den Schlacken des sündhaften Ichs. Er ist ausgewogen und Herr über seine Gedanken.

Eine lichte Seele hat auch eine hohe Seelenstrahlung. Das bewirkt eine hohe Körperschwingung, auch dann, wenn der Körper die Spuren von dem aufzeigt, was die Seele in ihr Erdenleben mitgebracht hat, die Grundausstattung ihres physischen Leibes. Im Laufe des Erdenlebens kann die physische Grundausstattung in ihrer Struktur und Ausstrahlung feiner oder gröber werden, entsprechend der Denk- und Lebensweise des einzelnen.

Wendet sich der Mensch dem geistig-göttlichen Leben zu, indem er Schritt für Schritt die Gesetze Gottes erfüllt, so verfeinert sich seine Seelen- und Körperschwingung. Die immer reiner werdende Seele erlangt dann eine höhere Schwingung, die auch den physischen Leib durchflutet und ihn in eine Schwingungszahl hebt, welche die Spuren der ehemaligen Belastung überstrahlt.

Weise Menschen sind lichte, gleichsam erleuchtete Menschen, die ihre Sünden mit der Kraft Christi, dem Inneren Licht, besiegt haben. Durch die Erfüllung der Gebote Gottes, also durch ein Leben der Toleranz, des Wohlwollens, der Achtung vor dem Nächsten und durch die Ehrerweisung gegenüber Gott klären sich auch die fünf Sinne des Menschen. Das Sündhafte, das sich im Fühlen, Denken, Sprechen, Handeln, Wollen und Wünschen ausdrückt, ist durch die Christuskraft umgewandelt in den Willen Gottes. Das heißt, der Mensch erfüllt immer mehr, was Gottes Wille ist.

Im Inneren Christentum, dem Tatchristentum der Erfüllung der göttlichen Gebote, lautet der Weg zum Herzen Gottes:

Bringe nach den Geboten Gottes Ordnung in dein Leben, in dein Denken, Fühlen und Wollen, und ebne dir so mit der Hilfe des Christus Gottes in dir die Bahn in die himmlische Ordnung.

Menschen des Inneren Christentums stehen im aktiven Glauben. Sie sind bestrebt, ihren Eigenwillen in den Willen Gottes umzuwandeln durch die Selbsterkenntnis, durch das Bereuen der erkannten Sünden, durch Vergebung Erlangen und durch Vergeben, durch Wiedergutmachen und durch das Nicht-mehr-Tun der Sünde, die erkannt und bereinigt wurde.

Der Tatchrist reinigt seine Seele und seinen physischen Leib von den Sünden, gleichsam von den Schlacken des Egoismus, so daß das

Innere Licht die immer mehr geläuterten fünf Sinne zu Wahrnehmungsorganen dessen macht, was die sündhaften Sinne nicht erfassen können. Die fünf Sinne sind dann nicht mehr geblendet von den Sünden.

Menschen in diesem Durchlichtungsstand urteilen und richten nicht mehr. Wer diesen Stand der göttlichen Kommunikation, gleich innerer Wahrnehmung, erlangt hat, der blickt tiefer und hört aus den Worten seiner Mitmenschen das heraus, was diese nicht preisgeben möchten, was aber doch mitschwingt. Auch die gereinigten Geruchs-, Geschmacks- und Tastsinne sind auf die innere Wahrnehmung ausgerichtet.

Durch die Verfeinerung der Wechselwirkung zwischen Sinnen und Gedanken, Worten und Handlungen gelangt der Mensch in das schon erwähnte Wahrnehmungsvermögen, das ihm im Laufe der weiteren Durchlichtung immer mehr Einblick gibt in das, wovon andere nur träumen, in die Gesetzmäßigkeiten, die in der Materie sind, also im Physischen ablaufen. Darüber hinaus erlangt ein solcher Mensch auch Kommunikation mit den feineren kosmischen Kräften bis hin zum reinen Sein. Durch die Erschließung der inneren Wahrnehmung ist ihm sein Nächster ein offenes Buch, da sich jeder vielfältig ausweist, ob er es möchte oder nicht.

Das ist, in wenigen Worten, die allmähliche Erschließung des inneren, des göttlichen Erbes.

Der Zusammenhang zwischen äußerer und innerer Haltung. Entsprechungen und Schwächen, die sich hinter der Darstellungspose verbergen

Jede Körperhaltung gibt Aufschluß über die innere Haltung, die Kraft und die geistige Entwicklung eines Menschen. Eine undisziplinierte Körperhaltung deutet auf die Unordnung im Denken des einzelnen hin, auch auf seinen Eigenwillen.

Es sei hier nur auf einige wenige Merkmale der Körperhaltungen hingewiesen, die insbesondere im Abendland gang und gäbe sind.

Viele Europäer nehmen gelegentlich eine sogenannte Darstellungspose ein. Beim Sitzen z.B. ist der Körper weit nach vorne gebeugt oder lässig nach hinten gelehnt, oder die Arme werden verschränkt gehalten, oder die Beine sind gekreuzt. Nach den göttlichen Gesetzen bedeuten diese sogenannten Selbstdarstellungsposen, daß der Mensch seine Unordnung und seinen Eigenwillen verbergen möchte und mehr oder weniger seinen Intellekt spielen läßt, indem er sich darstellt, um seine Unsicherheit zu verbergen. Diese unsere Haltungen zeigen auch, daß wir unsere Mitmenschen abwerten, um uns aufzuwerten. Wir bedürfen also der Aufwertung, denn wir haben in unserem Leben weder Ordnung noch Standfestigkeit und so auch keine Weisheit.

Diese Haltungen lassen genau erkennen, wo unsere Entsprechungen liegen, z.B. in den Entsprechungsstufen des Ordnungs-, Willens- oder Weisheitsgesetzes. Diese drei Entsprechungsstufen, auch Seelenhüllen genannt, prägen das Äußere des Menschen. Die genannten äußeren Haltungsposen deuten auf eine unlautere belastete innere Haltung hin, auf Entsprechungen, die in diesen drei Seelenhüllen liegen.

Menschen mit diesen Haltungen haben sich Denkmuster zurechtgelegt, weil sie in ihrem Privat- und Berufsleben sehr unsicher sind. Deshalb halten sie sich an ihren Vorstellungen, an ihren Denkmustern fest und zugleich an ihrem eigenen Körper. Diese Stellungen weisen auch den Pessimisten aus, der alles besser weiß, der bewertet und abwertet, was nicht in sein Denkschema paßt.

Die verschränkten Arme und überkreuzten Beine deuten auf Überheblichkeit und zugleich auf Unsicherheit und Unentschlossenheit hin.

Wer sich in diesen Zwangsposen des Sich-selbst-halten-Wollens darstellt, möchte unter anderem seine Hemmungen, seine Schwächen und seine Unzulänglichkeiten verbergen. Hemmungen und Schwächen deuten immer auf Unwissenheit und Arroganz hin. Menschen mit diesen Haltungen sprechen anders, als sie denken. Sie können über Liebe, Güte und Wohlwollen reden, und doch sind ihre Gedanken ganz und gar entgegengesetzt.

Wir müssen hier berücksichtigen, daß alle Begriffe wie »Überheblichkeit«, »Unentschlossenheit«, »Pessimismus« und dergleichen bei jedem Menschen andere Akzente und Werte haben, die sich auch in den entsprechenden Haltungen anders darstellen, und sei es auch nur in Nuancen.

Die Schwächen, die sich in diesen Posen ausdrücken, können auch typische Lieb-Kind-Haltungen sein. Wer keine größeren inneren und äußeren Werte aufweisen kann, spricht auch anderen zum Munde, um gut dazustehen.

Menschen mit hohem Verwirklichungsgrad durchschauen ihre Nächsten. Sie arbeiten mit der inneren Kraft

Wollen wir unseren Nächsten erkennen, dann müssen wir uns zuerst selbst erforschen nach den sinngemäßen Worten Jesu: »Zieh zuerst den Balken aus deinem Auge; danach sieh zu, wie du den Splitter aus deines Bruders Auge ziehst.« – Das heißt, daß wir zuerst uns selbst beobachten sollen, wie w i r uns geben, wie w i r uns gegenüber unseren Mitmenschen verhalten, wie u n s e r e Körperhaltungen, gleich Posen sind.

Wer sich selbst erforscht und sein Negatives überwunden hat, der weiß auch den Splitter im Auge seines Nächsten zu deuten. Er wird dann aus den Haltungen seiner Mitmenschen das ersehen, was wirklich zugrunde liegt. Aufgrund seiner Erfahrungen in der Überwindung seiner menschlichen Niedrigkeit wird er jedoch nicht mehr wertend oder urteilend empfinden und denken. Er bleibt auch in turbulenten Situationen unpersönlich, das heißt ausgleichend.

Wir müssen also sehen und hören lernen, was bedeutet, aus unseren Seh- und Hörsituationen das herauszulesen, was wir an uns haben, wo wir unentschlossen sind, warum wir uns an unserem Körper festhalten oder diese oder jene sogenannte Angewohnheit haben. Eine Angewohnheit ist ein Aspekt unseres Charakters; sie ist unsere Prägung, ein Verhaltensmuster, geprägt durch unsere Gefühls- und Gedankenwelt, die auch den Körper zeichnet. Erst dann, wenn wir uns durch den Dschungel unserer eigenen Darstellungsprogramme hindurchgearbeitet haben und über die Selbsterkenntnis mit Christus unsere sündhafte Programmwelt bereinigt oder weitgehend bereinigt haben, ist unser Seh- und Gehörsinn so weit geläutert, daß wir keine falschen Diagnosen und Prognosen aufstellen, uns aber auch nicht von äußeren Zwangsverhaltensmustern täuschen lassen – auch dann nicht, wenn sich Menschen verkünsteln und eine äußerlich korrekte Haltung annehmen. Was nicht gewachsen ist, wirkt verkrampft. Die Rede und auch die ganze Verhaltensweise eines solchen Menschen ist im Beisein von anderen um ein vielfaches mehr gekünstelt, als wenn er sich unkontrolliert gibt.

Einem weisen Menschen, der sich mit der Hilfe des inneren Christus Gottes selbst bezwungen, das heißt seine gravierenden negativen Eigenschaften überwunden, seinen Charakter verfeinert hat, bleibt wenig verborgen, denn er hat gelernt, den Gesamteindruck seiner Mitmenschen wahrzunehmen. Aus diesem Gesamteindruck sprechen dann die Details, die Nuancen der Verhaltensweisen, die er aufgrund seiner eigenen Verwirklichung richtig und nach dem Gesetz der göttlichen Ordnung, des göttlichen Willens und der göttlichen Weisheit zu deuten vermag.

Menschen, die mit der Hilfe des Christus Gottes anhand der Zehn Gebote und der Bergpredigt ihre schwerwiegenden Sünden weitgehend überwunden haben, sind offene und aufrechte Menschen; sie sind Herr über ihre Gedanken.

Offene Menschen haben einen lauteren Charakter und aufgrund dessen auch eine ungezwungene, aufrechte Körperhaltung. Ihr Gang ist aufrecht, ihre Schritte sind gefestigt, der Körper zeigt nichts Wiegendes und nichts

Schwankendes, sondern die Festigung des Charakters. Ein solcher Mensch sitzt aufrecht; beide Füße stehen auf dem Boden, denn er steht auf dem Boden der Tatsachen. Seine Hände liegen ruhig ineinander oder einfach und schlicht auf den Oberschenkeln. Sein Blick ist offen für alle Menschen und für alles, was auf ihn zukommt.

Menschen, die zu ihrem innersten Wesen gefunden haben, brauchen nichts zu verbergen – sie sind eins mit der überirdischen Macht, dem Christus-Gottes-Geist, der sie führt und lenkt. Wer nicht sich selbst den Stempel der scheinbaren Offenheit aufdrückt, sondern wahrhaft von innen her gereift ist, hat auch geistige Erkenntnis und Erleuchtung. Jede Zwangshaltung ist an der Ausstrahlung zu erkennen, denn was nicht gewachsen ist, das ist aufgesetzt, und was aufgesetzt ist, hat ein grobes Raster.

Wächst die Geisteshaltung von innen nach außen, dann ist der Mensch locker, leicht, beschwingt, aufgeschlossen, ordnungs- und pflichtbewußt. Menschen, die in ihrem Leben auf die höchste Quelle, Gott, ausgerichtet sind, haben nicht nur einen offenen Blick, sondern auch eine entsprechende Geisteshaltung. Es sind disziplinierte Menschen und Tatmenschen, die mit den inneren Kräften arbeiten und den Blick der Weisheit haben. Sie durchschauen ihre Mitmenschen und lösen die Situationen des Alltags mit den Kräften des Geistes Gottes.

Jeder Mensch ist auf der Erde, um sich vom Sünder zum Seligen zu wandeln – ob wir daran glauben oder nicht. Früher oder später werden wir alle erfahren, daß wir nur dann einen einwandfreien Charakter erlangen, gottbewußt und gottnah werden, wenn wir mit Christus durch das Nadelöhr unserer Selbstüberwindung gehen.

Posen der Selbsttäuschung

Weitere Merkmale unserer Selbsttäuschung zeichnen insbesondere uns Abendländer. Wir haben die Gewohnheit – und das ist wieder der Ausdruck unseres Charakters –, beide Ellbogen entweder auf die Oberschenkel oder auf die Tischkante zu stützen, um dann vielfach das Haupt mit beiden Händen zu halten. Oder wir überkreuzen unsere Beine und stützen einen Ellbogen auf ein Bein und mit der Hand halten wir dann das Kinn. So versuchen wir, unserem Körper einen Halt zu geben.

Wer den Balken in seinem eigenen Auge bearbeitet hat, der kann aufgrund der Arbeit an sich selbst von der äußeren auf die innere Haltung seiner Nächsten schließen. Allgemein bedeuten diese Posen Trägheit des Gemüts, Nachlässigkeit und Lauheit der Seele. Solche Menschen sind vielfach Grübler, welche die Dinge und Aussagen anderer zerlegen und zerreden. Auch diese Un-Haltung entspricht der Unordnung, dem Eigenwillen und dem Intellekt. Diese Körperposen zeichnen auch den Meinungsbildner, den Meinungsmacher, der selten eine andere Ansicht toleriert. Durch die Trägheit seines Gemüts wird er vorschnell urteilen und so auch seine Mitmenschen richten. Die Trägheit nimmt sich nicht die Zeit, über eine Angelegenheit ernsthaft nachzudenken. Sie stülpt ihre Meinung darüber, die für den trägen, oberflächlichen Menschen die Wahrheit ist.

Gerade diese Haltung zeigt viele Attribute des Egoismus und der Unordnung im täglichen Leben auf. Träge Menschen sind nachlässige Menschen, die beharrlich auf ihre Vorstellungen und Meinungen pochen und sie mit aller Härte vertreten. Solche Menschentypen bilden sehr rasch ihr persönliches Urteil, machen sich über andere »ihr« Bild, das sie dann oftmals fanatisch verteidigen.

Menschen mit dieser Haltung können unter die Choleriker und Fanatiker, aber ebenso unter die Pessimisten eingereiht werden. Aufgrund der Lauheit ihres Gemüts und der verweichlichten Seele haben sie meist nicht die Kraft, zur gegebenen Zeit die anstehenden Dinge und Geschicke zu überwinden. Infolge der Schwachheit ihres Gemüts holen sie immer wieder längst Vergangenes herbei, um die Aufmerksamkeit auf sich zu lenken. Sie versuchen, die Gunst anderer zu erlangen, um sich in deren Licht zu sonnen und sich in der Anerkennung durch andere zu weiden.

Viel Sprechen, Gestikulieren, Hantieren - alles verrät uns

Weitere allgemeine Merkmale, die man besonders bei den Abendländern, aber auch in anderen Kulturkreisen findet, sind das viele unüberlegte Sprechen, Gestikulieren und das Hantieren mit griffbereiten kleinen Gegenständen, z.B. mit Bleistift, Kugelschreiber, Lineal und dergleichen.

Menschen, die viel Unwesentliches sprechen, sind meist unsichere, ungefestigte Menschen, die nicht recht zu leben und auch nicht recht zu handeln wissen. Sie sind unkonzentriert und in ihrer Gefühlswelt zerrissen. Ihre Unkonzentriertheit bewirkt Unsicherheit, die sie mit vielen Worten zu verdecken suchen. Sie reden und reden und wissen zuletzt selbst nicht, was sie gesprochen und damit bewirkt haben. Fragt man sie, was ihr Anliegen sei oder was sie ausdrücken wollten, so beginnen sie meist aufs neue mit den gleichen Redeinhalten.

Solche hin- und hergerissenen Menschen sind auch umständliche Arbeiter. Sie wissen die Arbeit wohl anzupacken, führen sie jedoch selten zu Ende. Ist es ihnen irgendwie möglich, so verteilen sie ihre Arbeit und legen sie auf die Schultern anderer, wobei sie eventuell mit viel Worten und Körperaktion einige Handgriffe ausüben, um dann die Arbeit zu übergeben. Dabei stellen sie weiterhin ihre Person in den Vordergrund mit der Begründung, wie viel auf ihnen laste und mit detaillierten Unterweisungen, wie nun der andere die übertragenen Aufgaben gestalten und durchführen solle.

Die Persönlichkeit dieses Typus ist von seiner Vergangenheit geprägt. Sein ichbezogenes Wesen zitiert in der Gegenwart immer wieder die Vergangenheit und belebt sie somit erneut. Solche Menschentypen können schwer vergeben. Was ihnen einst angetan wurde oder was sie glauben, daß man ihnen angetan hätte – Vergangenes also, das sie gekränkt hat –, halten sie vielfach jahrelang, ja jahrzehntelang in ihrem Unterbewußtsein fest. Zu gegebener Zeit rufen sie es ab und tragen es vor, um eventuell davon Betroffenen Schuldgefühle einzupflanzen, auch wenn sie sich äußerlich loyal und verbindlich geben.

Was aus der Vergangenheit, aus dem Unter- und Oberbewußtsein erneut aufgetischt und aufgefrischt wird, fällt, durch diese weiteren Gedankenaktionen um etliches umfangreicher, wieder dorthin zurück. Da sich auf diese Weise das Ober- und das Unterbewußtsein immer mehr mit den gleichen oder ähnlichen Inhaltsbildern füllen, wallt das Gemüt des Menschen um so stärker auf, je mehr er über Gleiches oder Ähnliches nachdenkt. Das macht ihn unter Umständen cholerisch und aggressiv. Der Mensch reagiert mit Vorwurf auf seine Umwelt. Ein sehr bewegtes Unter- und Oberbewußtsein wirkt in verstärktem Maße auf das Nervensystem ein. Das veranlaßt diesen Menschentyp, immer mehr zu sprechen; der Volksmund sagt: »Er redet mit Händen und Füßen.« Das viele Reden und Gestikulieren zeichnet die Mimik des Menschen und auch den gesamten Körper. Solche Menschentypen sind herrschsüchtig und in ihrer Wesensart aufgebläht. Ähnlich ist vielfach auch ihre Körperform.

Das Äußere eines Menschen drückt immer das Innere aus. Auch die Masse des Körpers ist der Ausdruck innerer Vorgänge. Ein magerer, fast ausgezehrter Körper deutet vielfach auf übertriebene Ichbezogenheit und Geiz hin. Ein voluminöser Körper spricht für Völlerei und Schlemmerei. Einem solchen Menschen ist selten etwas gut genug. Er läßt sich gehen und ergeht sich im Essen und Trinken, in allen Wollüsten, die ihm geboten werden, sei es in der Eß- oder Trunksucht oder in der übertriebenen Sinnlichkeit. Sowohl der dünne als auch der überaus dicke Typ hat die Anlagen in sich, in die Triebhaftigkeit hineinzugleiten, bis hin zu Exzessen und Tätlichkeiten.

Wer sich selbst nicht bezwingt, der wird früher oder später von seinen eigenen Eingaben, den Ursachen, bezwungen, von seinem persönlichen Gesetz, das sein Entsprechungsgesetz ist.

Der Schauende blickt hinter die Maske seines Nächsten. Der gottbewußt Lebende kann mehr und mehr vom Inneren Licht geführt werden

Weil das äußere Verhalten auf das Innere, auf Seele und Mensch einwirkt und das Innere wieder im Äußeren zum Ausdruck kommt, zeichnet sich der Mensch in jedem Augenblick.

Der weise, in Gott ruhende Mensch registriert all diese Merkmale seiner Mitmenschen. Er sieht, wie das Verhalten seiner Mitmenschen deren Gesichtsausdruck, Mimik und Gestik verändert. Er sieht die Verfeinerung oder Vergröberung des Körpers und registriert auch die einzelnen Körperfunktionen der verschiedenen Menschentypen. Für den Weisen ist jeder Mensch ein Barometer, an dem er abzulesen vermag, was dieser wirklich denkt und wer er ist. Er durchschaut also seine Mitmenschen. Von diesem Wissen gibt er aber nur so viel, wie es seinem Nächsten hilfreich sein kann. Er schaut den Duckmäuser und den Herrschsüchtigen, den Wichtigtuer und den Demut Heuchelnden. Er schaut hinter die Maske der süßen Worte und des süßen Lächelns; er erkennt die Anzeichen und die Ursachen einer Verbitterung. Er durchschaut jede Geste, jeden Gesichtsausdruck. Er weiß jedes Fältchen zu deuten und sieht und hört, was der andere nicht sieht und nicht hört.

Der Ausdruck des gesamten Körpers liefert dem Schauenden unzählige Informationen. Er weiß, was der eine mit seinem Redeschwall ausdrücken möchte und warum der andere schweigt. Er weiß, warum der eine stark und der andere labil ist, denn er erfaßt in den Symptomen die Wesensmerkmale, die den äußeren Erscheinungsformen zugrunde liegen. Er weiß, warum dieser einen kurzen und jener einen ausgewogenen Atemrhythmus hat. Er kennt die Symptome, die Auslöser für Leid und Krankheit sein könnten. Doch er spricht selten darüber, weil nach den Gesetzen Gottes die Willensfreiheit ein unantastbares Gebot ist.

Menschen, die dem inneren Christentum, der Inneren Religion, zustreben, stehen im aktiven Glauben. Mit der Kraft des Christus Gottes leben und arbeiten sie, entsprechend Seinem sinngemäßen Gebot: »Was du willst, daß dir andere tun sollen, das tue du ihnen zuerst.«

Oder: »Was du nicht willst, daß man dir tu, das füg' auch keinem anderen zu.« Dadurch nähern sie sich dem Inneren Licht, der Liebe Gottes.

Menschen, die in diesem Bewußtsein denken und leben, kontrollieren ihre Worte, ihre Gesten, ihr gesamtes Verhalten. Wer sich der inneren Disziplin, der Ordnung in seinem Leben, zuwendet, der redet nur Wesentliches, bringt nur das Wichtigste zum Ausdruck, und das so, daß es auch verstanden und angenommen werden kann. Daher sind seine Worte vom Gesetz Gottes getragen, vom göttlichen Willen, der frei macht und der auch dem anderen die Willensfreiheit läßt, auf daß auch dieser sich seinem Wesen entsprechend entfalten kann.

Wer seine Worte und sein Verhalten unter Kontrolle hat, der weiß, was er spricht; er hat es bei und an sich selbst in rechter Weise durchforscht und durchlebt. Mit aufrechter Haltung und offenem Blick trägt er sachlich und bewußt, ohne Umschweife das vor, was er selbst erfahren, erarbeitet und erlebt hat. Die Ehrlichkeit und die Offenheit des Menschen, der täglich mehr die Gebote Gottes hält, erfüllt diesen mit innerer Ruhe, Sicherheit und Halt; das ist der Ausdruck innerer Stille. In der Stille offenbart sich Gott.

Menschen mit aufrechtem, gottbewußten Charakter sind meist durch eine harte Schule des Lebens gegangen. Sie nahmen die Dinge, wie sie kamen, maßen sie an den Zehn Geboten und der Bergpredigt und lebten nach den erkannten göttlichen Gesetzmäßigkeiten.

Es wäre Blasphemie, zu glauben, daß der Mensch die Geschicke dieser Welt lenken und das All zu erfassen vermöge. Wer der Gottes- und Nächstenliebe und Gottes Weisheit zustrebt, der ist sich bewußt, daß es eine höchste Intelligenz gibt, welche die Dinge und Geschicke des Alls lenkt. Menschen, die sich der höchsten Intelligenz, die das gesamte All durchströmt und lenkt, bewußt sind, die das unumstößliche Gesetz ist, werden sich auch täglich bemühen, nach den Geboten Gottes zu denken, zu reden und zu handeln, um von der höchsten Intelligenz, Gott, gelenkt und geführt werden zu können.

Auf dem Weg der Durchgeistigung unserer Seele und der Durchlichtung unseres Menschen finden wir in das göttliche Übereinstimmungsgesetz, in die Einheit und in die Kommunikation mit Gott

Wer geistiges Wissen und daraus die Erfüllung erlangt hat, der kennt die Wirkungsweise des Umkehrgesetzes, des Gesetzes der Entsprechung.

Das Entsprechungsgesetz kann auch das Umkehrgesetz genannt werden, weil alle, die mit ihrem Sündhaften, ihren Entsprechungen, denken, reden und handeln, das Gesetz Gottes umgekehrt haben. Sie machten aus Gottesliebe Eigenliebe, aus Gottes Willen Eigenwillen, aus dem göttlichen Selbst Selbstsucht, aus Frieden Unfrieden, aus Harmonie Disharmonie und dergleichen.

Wer das Gesetz Gottes verwirklicht und erfüllt, weiß – durch eigene Erfahrung –, daß das, was vom Menschen ausgeht, auch wieder auf diesen zukommt. Wer also das Gesetz der Entsprechung akzeptiert, dem ist bewußt, daß alle gottabgewandten Denk, Rede- und Handlungsweisen wieder zum Absender zurückkehren. Das Echo zeigt es uns: Wie wir in den Wald hineinrufen, so kommt es wieder zu uns zurück.

Dem Gesetz des Karmas »Was du säst, wirst du ernten« setzen wir uns so lange aus, bis wir – jeder einzelne von uns – unser persönliches Gesetz, unsere Entsprechungen, auf dem Weg der Reue, der Bereinigung unseres Sündhaften und des Nicht-mehr-Tuns im Lichte des Christus wandeln. Dadurch tauchen Seele und Mensch allmählich in die Liebe Gottes ein. Die Seele tritt sodann ihr göttliches Erbe an; sie erschließt die Kräfte der himmlischen Ordnung, des Willens Gottes, der göttlichen Weisheit; sie macht sich wieder die Ernsthaftigkeit der Geistwesen zu eigen, die Geduld – gleich Güte –, die Liebe und Barmherzigkeit – gleich Sanftmut – des Ewigen.

Die sieben Grundkräfte Gottes sind das ewige Gesetz und sind das göttliche Erbe unseres reinen geistigen Leibes. Wir Menschen sind auf der Erde, um diese sieben Grundkräfte Gottes, das göttliche Erbe jedes reinen Wesens, zu erschließen, das heißt freizulegen und anzuwenden. Das ist der Weg jeder Seele, ob sie entkörpert oder verkörpert ist, ob wir als Seele dort oder als Mensch hier sind. Keiner von uns kommt umhin, das wieder zu erschließen, was die Seele ewig besitzt: göttlich zu sein.

Wendet sich der Mensch den Geboten Gottes zu, die Auszüge aus dem göttlichen Gesetz sind, indem er seine Sünden erkennt, bereut, bereinigt und nicht mehr tut, dann wird er die Gesetze Gottes mehr und mehr anwenden und erfüllen. Durch die schrittweise Erfüllung der Gesetzmäßigkeiten Gottes gelangen Seele und Mensch – vorwiegend jedoch die Seele – in das Übereinstimmungsgesetz, das besagt: In jenen Aspekten, in denen die Seele von dem heiligen und ewigen Gesetz erfüllt und mit dem ewigen Gesetz verbunden ist, befindet sie sich auch mit Gott, der Liebe und Weisheit, in Übereinstimmung, in der Gleichheit und somit in Kommunikation.

Die göttliche Kommunikation ist die Allkommunikation, weil Gott in allem gegenwärtig ist. Sie schließt auch die Reinigungsebenen und diese Erde mit ein. Wenn wir Menschen unser Sündhaftes mit der Hilfe des Christus bereinigen und nicht mehr tun, dann erschließen wir allmählich die Allkommunikation und treten mit unserem Ursprung, der Liebe und Weisheit Gottes, in Kommunikation. Dann werden wir allmählich weise, weil wir uns für den alldurchstrahlenden göttlichen Strom öffnen, für Gott, dessen Kinder wir sind.

Machen wir uns erneut bewußt: Niederes Denken, Fühlen und Wollen wirkt im Gesetz von Ursache und Wirkung, im Gesetz von Saat und Ernte. Das ist die Abkehr von Gott und die Übereinstimmung in den Entsprechungen mit gleichen und ähnlichen Sündern. Das ist die Gleichheit im Kausalgesetz. In dem Maße, wie sich die Seele von der Last der Sünde reinigt, ist sie durchgeistigt und der Mensch durchlichtet. So finden wir in das göttliche Übereinstimmungsgesetz, in die Einheit und in die Kommunikation mit Gott. In dem Maße, wie der Mensch die Gesetze Gottes erfüllt, gelangt die Seele des Menschen in Übereinstimmung, in die Einswerdung mit dem mächtigen Geist der Liebe und Weisheit, mit dem Schöpfergeist in den Naturreichen und im All.

Wer in die Übereinstimmung mit der Gotteskraft gelangt, der hält Ordnung und Maß in seinem Leben. Er ist offen, geradlinig, gerecht und liebevoll. Wie er für Gott ist, so ist er auch für seine Nächsten und für die Naturreiche. Er ist sich bewußt, daß er ein kosmisches Wesen ist, ein Wesen des Alls, weil er um sein göttliches Erbe weiß, in welches er mehr und mehr findet.

Menschen mit diesem Bewußtsein sind keine Schwärmer, keine Weltfremden oder Träumer; sie sind nicht von der Welt abgewandt, sondern ihr zugewandt. Sie stehen in der Welt, sind jedoch nicht mit dem Negativen, dem Ungöttlichen, in der Welt.

Das Entsprechungsgesetz umhüllt die Wahrheit und verengt das Blickfeld des Menschen - auf das Eigenwohl, auf sich selbst

Das herrliche, unumstößliche ewige Gesetz Gottes bringt uns alle in Übereinstimmung mit Gott, der Liebe und Freiheit, und enthüllt uns unser göttliches Erbe. Dadurch gewinnen wir Einblick in alle äußeren und inneren Vorgänge, in das göttliche Gesetz und in das Umhüllungsgesetz, das Entsprechungsgesetz.

Der Sehnsucht der Gott zustrebenden Seele und des gottbewußten Menschen steht ein Ziel vor Augen: sich mit Gott, dem ewigen Gesetz, zu einen. Der Weise enthüllt seine Seele mehr und mehr durch die Erfüllung der Gebote Gottes. Er ist gottzugewandt und hat sein persönliches Gesetz, das Entsprechungsgesetz, weitgehend überwunden. Er hat sich enthüllt und spiegelt das Gesetz der Wahrheit, das Liebe und Weisheit ist.

Das Entsprechungsgesetz umhüllt die Wahrheit und dadurch auch die Seele und den Menschen. Die Folge ist ein eingeengtes Blickfeld des Menschen, weil egoistisches Denken und Verhalten die Wahrheit umhüllen. Der Bezug zum Nächsten wird dadurch unterbunden. Der Egoist ist immer mehr auf sich selbst bezogen. Was er nicht besitzt – Liebe, Weisheit, Freiheit, Glück, Geborgenheit –, das verlangt er von seinen Nächsten. Diese Erwartungshaltung führte und führt im Kleinen zu Streit und Kampf, im Großen durch Staatsmänner zu Krieg und Vernichtung anderer Kulturen, Städte und Länder.

Durch die Verpolung, also die Umhüllung der Seele und des Menschen, ist der Mensch sich selbst zugewandt und hat vielfach nur ein Auge für sein Wohl. Das Eigenwohl schließt das Gemeinwohl aus, somit auch die sieben Grundkräfte, das göttliche Erbe, das vom Egoisten nicht mehr erkannt wird, weil er nur auf seine Umhüllung, auf sein Plasma – auch Aura genannt – schaut, das ihm wiederum nur seine Wünsche, Leidenschaften, sein ganzes egoistisches Verhalten spiegelt. Der Spiegel seines

Egoismus ist seine Aura, sein Plasma, das Strahlungsbild, das seine Eingaben in Farbe und Form widerspiegelt.

Ob der Mensch es möchte oder nicht – er ist von seinen Eingaben gezeichnet und gibt sich damit selbst preis. Mit Worten kann so mancher vieles verschönen, doch sein Strahlungsbild kann er damit nicht verändern.

Christus bot und bietet uns die Hilfe zur Selbsthilfe an. Er ist die Hilfe. Doch wir Menschen, die wir den freien Willen zur freien Entscheidung für oder gegen Christus haben, bestimmen selbst, ob wir die Hilfe des Christus annehmen wollen. Wir nehmen sie an, indem wir täglich das, was unserem allzumenschlichen Wesen, unserer niederen Natur, entspricht, in der Aufwallung unserer Entsprechungen erkennen, mit der Hilfe des Christus bereinigen und diese Sünden nicht mehr tun. Wir haben jedoch auch die Freiheit, uns von Christus abzuwenden, indem wir weiter sündigen.

Entscheiden wir uns für die Hilfe des Christus Gottes, dann werden wir Ihn auch in unserem Inneren anrufen und um Hilfe bitten. Mit der Anrufung der Hilfe Christi und unserem festen Willen, unsere Sünden nicht mehr zu tun, kann die Hilfe des Christus zur Selbsthilfe beginnen.

Hilfe zur Selbsthilfe – das bedeutet: Wir selbst müssen aktiv werden, so daß Christi

Hilfe wirksam werden kann. Wir müssen Ihm einen Schritt entgegengehen, damit Er auf uns mehrere Schritte zukommen kann. Allein der Glaube an Christus und das Wissen um Seine Kraft nützen uns wenig, wenn wir unser Sündhaftes nicht erkennen und bereinigen, so daß Seine Kraft in uns für uns aktiv werden und unsere Schatten in Licht umwandeln kann.

Wie die Programmwelt des Menschen sich aufbaut

Die im folgenden dargelegten Gegebenheiten und Zusammenhänge – von Aufbau und Gebrauch unserer Programmwelt, von der Funktion der fünf Sinne und den Möglichkeiten, Entsprechungen in der Welt unserer Gefühle, Empfindungen, Gedanken, Worte und Taten zu erkennen und zu bereinigen – sind in den ersten Kapiteln dieses Buches schon erläutert worden, wenn auch unter einem anderen Gesichtswinkel und nicht so ausführlich. Diese Wiederholungen dienen dem tieferen Verständnis.

Unsere Seele kam in diese Welt und nahm einen Körper an, den sie für dieses Dasein funktionstüchtig machte. Zuallererst geschieht die Prägung und die Wahrnehmung über die Sinne. Darauf bauten und bauen sich allmählich die irdischen Lebensprogramme auf, die gleichsam Gebrauchs- und Weisungsprogramme für den Körper im irdischen Dasein sind. Die ersten Wahrnehmungsprogramme bauen sich über das Sehen, Hören, Riechen, Schmekken und Tasten auf. Gleichzeitig programmiert sich der physische Körper, um gehen und sich bewegen zu können. Ganz allmählich baut dann die Seele über den physischen Körper die Sprech- und Austauschprogramme auf, dann die Lern-, Erfahrungs- und Berufsprogramme und weitere Programme, die wir für unser irdisches Dasein als Mensch benötigen. Im weiteren Verlauf unseres irdischen Lebens pfropfen wir die Programme der Sünde auf unsere Lebens- und Weisungsprogramme auf, z.B. Ehrgeiz, Ichbezogenheit, Neid, Feindschaft, Intoleranz, Abwertung des Nächsten, Selbstaufwertung, Falschheit, Täuschung, Lüge, Betrug und weiteres mehr.

Auch das Sündhafte in unserer Seele, das den Eingaben in unseren Genen entspricht, regt sich allmählich im jungen Menschen. Um diese ersten Negativprogramme aufzuheben oder abzuschwächen, sollten Eltern und Pädagogen Vorbilder sein. Ist das nicht der Fall, dann kommen solche Eingaben aus früheren Inkarnationen im Kind zum Tragen, die dann auch allmählich den Menschen prägen und sich wie die neu aufgepfropften sündhaften Programme bemerkbar machen.

Mit dieser unserer Programmwelt agieren und reagieren wir, wobei unsere Reaktionen entscheidend sind, um uns darin selbst zu erforschen, um zu erkennen, was Lebens- und Wahrnehmungsprogramme sind oder was sündhaft ist. Sobald das Kind zwischen Gut und Böse unterscheiden kann, werden Teile von sündhaften Programmen aktiv. Wird in jungen Jahren darauf nicht geachtet, so beginnt der Mensch, über sein Fühlen, Empfinden, Denken, Reden und Handeln diese aktiven Programme oder Teile von diesen zu erweitern. Weiß der Mensch nicht, warum er auf der Erde ist – nämlich um seine sündhaften Programme zu erkennen und mit der Hilfe Christi zu bereinigen und nicht mehr zu tun –, dann werden sich allmählich die Sinnes-, Gebrauchs- und Weisungsprogramme für den Körper mit den Programmen der Sünde mischen. Dann kann, wie schon erwähnt, von einem Mischpult der Programme gesprochen werden. Das gesamte Verhalten des Menschen wird dann, ausgehend von dem Mischpult der Programme in unserem Ober- und Unterbewußtsein, zur Mixtur.

Das Mischpult der Programme ist das Ober- und Unterbewußtsein, das in seinem Gesamtvolumen das Entsprechungsgesetz des einzelnen Menschen genannt werden kann. Aus diesem Gesamtvolumen ergibt sich das Verhalten des einzelnen und sein Charakter. Das ist sein Fluidum, das ist seine Lebens- und Alltagswelt. Daraus schöpft er, damit arbeitet er, und damit lebt er. Darüber hinaus ist ihm nichts möglich, außer er schafft weitere Programme, die dann, wenn sie greifen, wieder durch ihn wirken.

Der Mensch ist also mit einem Computer zu vergleichen, der allerdings – und das ist, wie schon gesagt, der Unterschied zum technischen Computer – seine Mixturen zusammenstellt, um im Äußeren so manches zu verschönen und so darzustellen, als wäre es das Nonplusultra.

Hat sich der Mensch von Gott und Seinen Geboten abgewandt, dann wird er sein Mischpult auf mannigfache Art und Weise gebrauchen. Er wird daraus auch sein Steuerungspotential bilden und damit versuchen, seine Mitmenschen zu steuern, ihnen also einen Teil seines Entsprechungspotentials, seiner Programmwelt, einzupflanzen, dieses in sie hineinzuprojizieren, so daß diese tun, was der Projizierende wünscht. Die sündhaften Programme sind so beschaffen, daß sie immer nach dem streben, was in der Welt für gut und erstrebenswert gilt: Trenne, binde und herrsche. – Dies ist nur mit den sündhaften Programmen möglich, da diese nicht die Freiheit des Nächsten achten.

Um aus dem Strudel unserer sündhaften Eingaben, aus dem selbstgesponnenen Netz unseres Egos, herauszugelangen, sollten wir die Hilfe des Christus Gottes erbitten, der uns Tag für Tag auf das aktive Sündhafte aufmerksam macht. Es spricht zu uns dann, wenn wir uns erregen, wenn Situationen, Gespräche, Begegnungen und vieles mehr uns in Wallung bringen. Durch den Weg, den uns Jesus, der Christus, aufgezeigt hat, finden wir aus dem Trennenden, Bindenden und Herrschenden heraus, um in die göttlichen Gesetzmäßigkeiten zu gelangen, die, in einem Satz gesprochen, heißen: Verbinde und sei, was besagt: Sei deinem Nächsten Bruder und Schwester, dann bist du auch mit Gott bewußt verbunden.

Wollen wir die Schritte hin zu unserem wahren Ursprung, der göttlichen Liebe, der Freiheit, Weisheit und Gerechtigkeit, tun, dann heißt es für uns: Erkenne dich in deinen Erregungen, bereue und bereinige dein Sündhaftes, und tue das erkannte Negative nicht mehr.

Sind wir nicht bereit, unsere Entsprechungen zu erkennen und zu bereinigen, können wir gesteuert werden

Über unsere fünf Sinne dringen wir in unsere Programmwelt ein, denn gerade die fünf Sinnesorgane sind die Impulsgeber für die in unserem Ober- und Unterbewußtsein und in unseren Seelenhüllen lagernden Programme.

Das Sehorgan ist das wichtigste Sinnesorgan. Es steht mit den Kräften der Liebe, der Barmherzigkeit und der Geduld in Verbindung. Diese drei Grundkräfte Gottes sind die Kindschaftseigenschaften, das Fundament, um die gesetzmäßigen Schritte hin zu dem Liebegebot zu tun: Verbinde und sei. Haben wir uns gegen diese drei Grundkräfte Gottes, gegen die Kindschaftseigenschaften, versündigt, dann übertragen wir unser Sündhaftes auch auf die vier Wesenheiten Gottes, die weiteren vier Grundkräfte in uns, Ordnung, Wille, Weisheit und Ernst.

Mit anderen Worten: Weil wir uns von der Gottesliebe abgewandt haben, schaffen wir unsere egoistische Liebe, die Eigenliebe, woraus sich Unbarmherzigkeit und Ungeduld ergeben. Mit diesen drei verpolten Kräften wirken wir auch auf die vier Wesenheiten Gottes, die vier weiteren Grundkräfte in uns, ein, indem wir aus der Ordnung Unordnung machen und anstatt den göttlichen Willen zu erfüllen den

Eigenwillen als Maßstab und Wert geltend machen. Und statt uns von unserem göttlichen Erbe, der göttlichen Intelligenz, inspirieren zu lassen, schaffen wir die Programme des Intellekts. Und statt ernsthaft und achtsam mit unserem irdischen Leben umzugehen, werden wir liederlich und intolerant. Das ist die Abfolge der Verschattung unseres göttlichen Erbes vom Ursprung, der Liebe, bis hin zur Unordnung.

Es gibt keine Zufälle. Jeder Blick da- und dorthin löst Empfindungen und Gedanken in uns aus. Was sagt uns der Blick, gleichsam der Augenblick?

Wollen wir über den Sehsinn Aspekte unserer sündhaften Programmwelt ergründen, dann könnten wir kurzzeitig unseren Blick auf einem Gegenstand oder Menschen ruhen lassen, also dort, wohin unser Auge augenblicklich fiel. Lassen wir dabei den üblichen Gedankenstrom außer acht, dann werden wir sehr bald wahrnehmen, daß uns Aspekte unserer eigenen Programmwelt steuern. Sie bringen uns mit jenen Energien in Kommunikation, die unserer augenblicklichen Steuerung durch unsere Programme gleichen, denn Gleiches zieht Gleiches an und äußert, gleich offenbart sich.

Ein Beispiel: Wir erleben einen Mitmenschen, der sehr geschickt zu reden und zu überzeugen, der eloquent und geistreich die Aufmerksamkeit aller Anwesenden auf sich zu ziehen versteht. Regt sich bei uns der Neid, dann haben wir in dem Augenblick dieser Erregung einen Teil unserer Neidprogramme aktiviert, die dann sofort mit unseren Neideingaben in der Seele und in den Gestirnen in Kommunikation treten.

Ähnliches vollzieht sich, wenn wir mit der Programmwelt eines anderen Menschen in Kommunikation gelangen, z.B. mit demjenigen, den wir in einer Vorinkarnation oder in dieser Einverleibung in einer bestimmten Hinsicht infiltriert, also programmiert haben. Unsere Gefühle und Gedanken sagen uns, was diesen augenblicklich aktiven Neidprogrammen zugrunde liegt. In diesem Fall könnte es z.B. sein, daß wir einst jenen Menschen mit unserer Redegewandtheit manipuliert und betrogen haben.

Wie schon erwähnt: Wir können nur fühlen und denken, weil bestimmte Programme mit gleichen oder ähnlichen Energien – die wir selbst einmal schufen – kommunizieren. Wir können nur sprechen und handeln, wenn gleiche oder ähnliche Programme mit unserem Sendepotential – oder mit dem Sendepotential eines anderen, den wir infiltriert haben – in Kommunikation stehen. Nur über Kommunikation setzen wir den Mechanismus der unzähligen Kommunikationsreaktionen frei.

Sind wir nicht bereit, unser Sündhaftes, das, was gegen Gott ist, zu erkennen und zu bereinigen, dann können wir von anderen Kräften, die Gleiches oder Ähnliches in sich tragen, gesteuert, also beeinflußt werden, so daß wir dann nicht mehr wir selbst sind, sondern andere Kräfte durch uns wirken. Auf diese Weise verändert sich wiederum unser Charakterbild; das Mischpult unseres Sündhaften vergrößert sich und somit auch unsere Negativkommunikation, unser Entsprechungsgesetz. Durch weitere Eingaben schaffen wir dann ein riesiges Kommunikationsnetz, über das wir inspiriert und programmiert werden können.

Das sündhafte Sende- und Empfangspotential eines Menschen erstreckt sich durch unsere persönlichen Eingaben – samt denen, die sich durch Projektionen weiter fortpflanzten – über die ganze Erde bis in die Reinigungsebenen, in denen die entkörperten Seelen leben.

Einflußnahme von niederen Seelen auf Menschen über deren Suchtprogramme

Aufgrund des Prinzips »Senden und Empfangen«, auch Telepathie genannt, kann im Netzwerk von Ursache und Wirkung z.B. folgendes ablaufen:

Ein Mensch, der es versäumte, bestimmte Lernaufgaben, die ihm das Leben stellte, zu lösen – der also beiseiteschob und verdrängte, statt zu bereinigen, der seinen Nächsten beschuldigte, anstatt sich zu erkennen –, hält sich, auch aus Energiemangel, an dem »schadlos«, was das irdische Leben an Genüssen und Reizen bietet. Sein Lebensinhalt besteht u.a. in der Aufnahme kulinarischer Genüsse, die für ihn mehr und mehr zur Sucht wird. Sobald er außergewöhnliche Speisen sieht oder auch nur daran denkt, verlangt er danach; sein ganzes Sinnen und Trachten richtet sich darauf – er muß sie haben, sonst kann er nichts anderes mehr denken.

Die Trunksucht dient noch augenfälliger der Verdrängung und Betäubung. Der Trunksüchtige ist am Ende nicht mehr wählerisch bezüglich dessen, was er trinkt. Ihm kommt es auf die Wirkung an: auf einen vom »normalen«, ihm unerträglichen Lebensgefühl losgelösten Bewußtseinszustand, bis hin zur Bewußtlosigkeit.

Eßsucht und Trunksucht sind massive Wunsch- und irdische Lebensprogramme, denen Versagen, Minderwertigkeitskomplexe, Schuldzuweisungen anderen gegenüber, Falsch-verstanden-Werden, Enttäuschung über Mitmenschen und anderes mehr zugrunde liegen. Diese Suchtprogramme können ein großes Entsprechungspotential, also Sündhaftes in der Seele, sein, das auch den Menschen prägt.

Die Aktion von übermäßigem Essen und Trinken ist gleich Senden und Empfangen. Süchtige können von gleichen und ähnlichen Entsprechungsfeldern, die ihren Entsprechungen, ihrem Sündhaften, gleich oder ähnlich sind, über das Prinzip Senden und Empfangen beeinflußt werden. – Entsprechungsfelder sind Felder, Zusammenballungen negativer Energien, die den Charakter einer bestimmten Entsprechung, einer bestimmten menschlichen Schwäche bzw. Fehlhaltung, einer sündhaften Verpolung, aufweisen. Wo Entsprechungsfelder sind, da sind auch die entsprechenden – niederen – Seelen nicht weit.

Süchtige Menschen können auch von erdgebundenen Seelen beeinflußt werden, süchtig kulinarisch zu essen und entsprechende Getränke zu trinken. Das sind dann Seelen, die sich über Menschen schwingungsmäßig diese Genüsse zuführen, weil sie ihrem Sündhaften, ihren Entsprechungen und ihrer Sucht, ähnlich sind. Seelen mit gleichen Entsprechungen können also solche süchtigen Menschen ansenden und ihre Leidenschaftlichkeit, ihre Gier, in den Menschen projizieren. Sie regen dessen Entsprechungs-, gleich Projektionswelt an, nehmen also Einfluß auf die Gedanken und die Sinne eines Menschen, wie z.B. den Geruchs- und Geschmackssinn, so daß dieser Mensch immer mehr nach kulinarischen Genüssen und nach entsprechenden Getränken verlangt. Über Geruch und Geschmack, über die Sinneswelt des Trunksüchtigen bzw. des Genußsüchtigen stillen dann solche Seelen ihre Eßsüchte und -lüste.

Das gleiche gilt bei ausschweifender Sexualität. Auch auf die nimmersatte, ausschweifende Sexualwelt des auf sexuellen Genuß gepolten Menschen nehmen vielfach Seelen Einfluß, die als Menschen ähnlich gelebt haben wie derjenige, dem sie sich nähern. Wiederum heißt es »Was der Mensch sendet, das zieht er an«: gleiche Kräfte und gleiche Seelen mit gleichen und ähnlichen ausschweifenden sexuellen Leidenschaften.

So mancher Mensch ist umsetzt oder besetzt von Seelen, die über die menschlichen Süchte und andere Triebhaftigkeiten Energie beziehen und ihre allzumenschlichen Bedürfnisse befriedigen. Sie lassen sich von jenen Seelen einen Teil ihrer Lebensenergie nehmen.

Wir sollten erkennen: Der Baum bleibt so liegen, wie er fällt. Das heißt also, daß die Seele nach dem Tod ihres physischen Körpers dieselbe ist, nur in einer anderen Stofflichkeit. Im Jenseits hat sie dieselben Wünsche und dieselben Leidenschaften, dasselbe Drängen nach Leidenschaftlichkeit und Genußsucht. Diese kann sie im Seelenreich jedoch nicht befriedigen, da sie keinen physischen Körper hat.

Dem Drängen, der Gier der süchtigen erdgebundenen Seelen leisten viele Menschen Vorschub, indem sie ihrer Leidenschaftlichkeit, ihrer übertriebenen Genußsucht und ihren sexuellen Ausschweifungen zügellos folgen, ohne zu fragen: »Wer bin ich eigentlich? Kann ich das mit einem guten Charakter vereinbaren?« Oder: »Was würde Jesus, der Christus, dazu sagen?«, denn auch Menschen, die Leidenschaften frönen, nennen sich vielfach Christen.

Auch diese Darlegung gehört zum Gesetz der Entsprechung und der Projektion. Die Sünde sendet und zieht gleiche und ähnliche Kräfte an. Die vom Menschen angezogene Seele projiziert dann ihre Wünsche in den Menschen durch Einspritzungen in seine Kommunikationswelt, in sein Netzwerk der Sünde.

Leben in einer Bilderwelt - Wunscherfüllung durch Seelen? Die große Gefahr in »harmlosen« Bilder-Spielen

Es gibt immer mehr Menschen, die in Bildern leben. Das heißt, sie schaffen sich in Gedanken eine Vorstellungswelt, die von ihren Wünschen geprägt ist. Sie bauen sich z.B. ein Traumbild auf, in dem sie ein gutaussehender Mann bzw. eine gutaussehende Frau sind, der/die von einem Idealpartner umworben wird. Mit diesem Idealpartner, der sich mehr und mehr konkretisiert, führen sie dann einen intimen gedanklichen Austausch.

Der Bilderpartner geht immer mehr auf die Wünsche des Bildproduzenten ein, der seine Bilderwelt gleich einem Film aufbaut. Es geht so weit, daß in dem Film der Mensch, der in einer Bilderwelt lebt, mit seinem Traumpartner visuell speist, mit ihm – wieder visuell – Kino- und Theaterbesuche veranstaltet und anderes Angenehme mehr. Später kommt dann die Leidenschaftlichkeit hinzu. Der Bildproduzent lebt bildlich die Sexualität mit dem Bildpartner, der dabei ganz und gar auf die Wünsche des Bildproduzenten eingeht.

Die Bilderwelt dieses Menschen wird immer intensiver und umfangreicher. Sie gleicht vielfach einer Filmspule, auf der alle Bilder wieder abgerufen werden können, die den Menschen in eine Welt versetzen, in der der Bilderproduzent mit seinem Partner ein vergnügliches Leben führt, das ganz seiner Wunschwelt entspricht.

Der Mensch baut also durch seine Gedanken Bildformen und auch die Gestalt des Partners auf. Es ist eine Gedankenform, die der Produzent durch seine Gefühle und Gedanken, aber auch durch seine Körperhaltung geschaffen hat und in Bewegung setzt. Je öfter der Bildproduzent sich in diese Bilderwelt begibt, desto realer wird diese.

»Wunderbar – ein Traum wird Wirklichkeit«, mag eventuell mancher sagen. Doch hier ist ausdrücklich das Achtungszeichen zu setzen. Denn dieses allzumenschliche Traumbild birgt in sich eine Gefahr – ganz konkret, in Gestalt einer Seele. Hierbei kann es sich nur um eine niedere, erdgebundene Seele handeln, denn eine Seele mit höherem Durchlichtungsgrad gäbe sich dafür niemals her.

Wer Wunschgedanken aussendet und diese zugleich bildhaft in die Atmosphäre, in das Meer der unzähligen Gedanken- und Wunschbilder und Begierden, projiziert, der kann Seelen anziehen. Eine Seele schlüpft dann in die vom Bildproduzenten geschaffene Gedankenform, wirkt über diese auf den Körper des Bildproduzenten ein und erfüllt ihm das, wonach er verlangt.

Die bekannte Aussage in dem Gedicht »Der Zauberlehrling« von Goethe: »Die Geister, die ich rief, werd ich nun nicht los« enthält Wahrheit. Eine Seele oder gar mehrere Seelen, die den Entsprechungen des Bildproduzenten gleichen, wurden von ihm angezogen, also gerufen. Wer sie gerufen hat, der wird sie in der Tat so schnell nicht mehr los. Der Bildproduzent ist dann an jene Seelen gebunden, sowohl in diesem Leben als auch als Seele im Jenseits. Die Bindung an die gerufenen Seelen bleibt auch dann bestehen und verpflichtet ihn zur Gegenleistung, wenn sich die Bildpartner-Seele – oder von mehreren auch nur eine Seele – im Erdenkleid befindet, also Mensch ist.

Menschen, die in Bildern leben, nehmen immer mehr Abstand von ihren Mitmenschen; sie halten sich mehr und mehr in ihrer Bilderwelt auf, die sie zufriedenstellt, weil die von ihr geschaffenen Bilder ihrer Wunschwelt und auch ihrem Idealpartner entsprechen. So verlieren diese Menschen den Bezug zur Realität und lassen ihr eigenes Leben ungenutzt verstreichen.

Seit neuestem bemächtigt sich dieses Lebens in Bildern sogar die Finsternis für ihre arglistigen Zwecke. Anscheinend haben die Dämonen im Sinn, über solche und ähnliche Gesetzesverstöße, die sich ganz und gar gegen Gottes Gebote und die Bergpredigt richten, über die Sinneswelt der Menschen ihre Negativenergien zu weiteren Beeinflussungsmöglichkeiten zu holen. Nicht genug, daß wir Menschen in Filmen, Fernsehsendungen, in populären Liedern, in Produktionen der Sex-Industrie und vielem mehr zum Einstieg in die Bilder-Traumwelt verleitet werden – seit neuestem wird sogar über Video und Computer das Leben in Bildern angeboten. Man kann diese bald unmittelbar über den Bildschirm selbst erzeugen und gleichsam »live« daran teilhaben, um sich dann genüßlich alles tun zu lassen, was man an Wünschen und Leidenschaften, an Sexualität und weiteren Ausschweifungen gerne haben möchte. Wer diese Möglichkeit wahrnimmt, wird zunächst außer an dem Kräfte-Entzug nicht merken, worauf er sich eingelassen hat. Die Rechnung wird ihm unweigerlich präsentiert werden, wenn seine Seele den physischen Körper verläßt.

Wer ein wenig in die geistigen Hintergründe dieser Entwicklungen blickt, den kann nur schaudern. Der besondere »Reiz« dieser Spiele beruht darauf, daß von seiten unsichtbarer »Mitspieler« kräftig »mitgemischt« und »eingeheizt« wird. Wer sich in diese Sackgasse lokken läßt, wird es eventuell sehr schwer haben, aus dem entfachten Feuer der Sinne noch herauszufinden. Nur wer erkennt, was hier vor sich geht, und daß er damit zum Energielieferanten und Diener dunkler Kräfte wird, kann sich unter Umständen dem Bann, der Beeinflussung, mit der Hilfe des Christus noch entziehen.

Es ist ein Irrtum zu glauben, unsere Gedanken, ebenso unsere Wünsche seien »zollfrei«. Der »Zoll«, den wir möglicherweise zu bezahlen haben, wenn wir nicht wachsam sind und den gegensätzlichen Gedanken- und Wunschaktionen freien Lauf lassen, kann erheblich sein. Aufgrund des Prinzips »Senden und Empfangen« kann jede Abweichung vom Gesetz der selbstlosen Liebe über eine Kette von Aktionen und Reaktionen in der Abhängigkeit von Seelen oder im Lager der dunklen Mächte enden.

Über Bild- und Tonträger verschiedenster Art, über das geschriebene Wort in mancherlei Heften und Büchern werden viele – auch Jugendliche und Kinder – angeregt, sich in eine Bilderwelt von Sexualität, aber ebenso von Gewalt, von Krieg und Zerstörung zu begeben und dort gedanklich aktiv zu werden. Was sich im Unsichtbaren energiehungrig auf dieser Wellenlänge tummelt, wird von den Auswüchsen menschlicher Triebhaftigkeit und Leidenschaft angezogen. Der Bildproduzent wird in seiner Welt also nicht lange allein sein.

Der Weg zu Gott besteht darin, das niedere Menschliche zu erkennen und durch Bereinigung mit der Kraft des Christus umzuwandeln. Deshalb gibt uns Gott Gebote und keine Verbote. Wo Verbote bestehen, findet nicht Bereinigung statt, sondern Verdrängung. Das Verdrängte aber lebt weiter – eventuell in der Fantasie- und Bilderwelt mit unsichtbaren Mit-Spielern, gleich Mit-Tätern.

Unsere Gedanken, unsere Wünsche, unsere Leidenschaften und Triebhaftigkeiten sind also keineswegs zollfrei. Das sollte jeder bedenken, der sich, z.B. durch Bildmaterial in Heften, im Fernsehen, in Videofilmen und auf mancherlei andere Weise anregen, somit verführen und in die Sackgasse ziehen läßt. Wer solches Material produziert, publiziert und anderen zugänglich macht, wer somit viele Menschen und Seelen zum Objekt seiner Projektionen macht, der weiß nach der Lektüre dieses Buches, was er verursacht und was er seiner Seele aufgeladen hat.

Ein weiteres Beispiel:

Zwei Menschen lieben sich; sie pflegen miteinander einen intensiven Körperkontakt. Einer von den beiden stirbt. Die Seele hat nach der Entkörperung dieselben Neigungen und Wünsche wie als Mensch. Im Zurückgebliebenen entstehen immer wieder die Bilder der Zweisamkeit, oftmals ersteht in der Vorstellung nur das liebevolle Gesicht des Hingeschiedenen.

Der Mensch hat immer wieder Sehnsucht nach der ehemaligen Verbindung, auch nach dem leidenschaftlichen körperlichen Akt. Dadurch kann er die Seele des früheren Partners in seine Aura hineinziehen, so daß ihm die Seele ganz nahe ist. Über das Aussenden der sexuellen Wünsche, die ja Energie, Strahlung sind, kann sich dann die Seele am Körper des Menschen bemerkbar machen und mit ihm einen Körperkontakt aufbauen und pflegen. Der Mensch sieht die Seele nicht, doch er spürt sie am Körper.

Auch hier heißt es wieder: Gleiches kann – aufgrund des Prinzips »Senden und Empfangen« – durch Telepathie Gleiches anziehen. Voraussetzung ist, daß eine aktive Entsprechung vorliegt, über die dann Seelen senden, das heißt ihre Einspritzungen vornehmen, den Menschen benutzen und in ihm unter Umständen weiteres anregen. Das ist dann Projektion.

Solchen Zuständen können wir nur entkommen, wenn wir uns bewußt werden, wer wir im tiefsten Grund unserer Seele sind: reine Wesen, edel, fein, gut – Ebenbilder Gottes. Dann können wir uns entscheiden, welche Zielrichtung wir unserem Erdenleben geben wollen. Wollen wir uns weiter im Netz unserer Entsprechungen, unseres Sündhaften, verwickeln, oder wollen wir frei werden, bevor »die Ernte der Sünde«, unser Schicksal, über uns hereinbricht?

Haben wir die grundsätzliche Entscheidung getroffen, mit Christus den Weg ins Licht zu gehen, dann können wir den nächsten Schritt tun, indem wir zum einen den festen Entschluß fassen, solche Kontakte nicht mehr aufzunehmen, indem wir zum anderen konsequent unsere Gedanken beobachten und diese sofort bereinigen. Dies geschieht mit der Hilfe und der Kraft des Christus Gottes auf dem Weg der Umwandlung, den Er uns lehrt: Bereue deine Sünden, bitte um Vergebung, vergib und pflege diese Gedanken, diese Sünde nicht mehr.

Ohne die Hilfe des Christus Gottes gibt es aus diesen Zwängen, aus dem Gesetz von Saat und Ernte, dem Kausalgesetz, kein Entrinnen. Nur durch die Ausrichtung auf Gott und die Erfüllung der Zehn Gebote und der Bergpredigt können wir diesem Netzwerk von Sünden und den Beeinflussungen durch die Sünden entkommen.

Jeder Lebensäußerung geht eine Kommunikation voraus. Durch Analyse unserer Gefühlswelt ergründen wir, was unseren Gemütsbewegungen zugrunde liegt

Unter den Sinnesorganen spielt der Sehsinn die wesentliche Rolle. Gerade über das Auge werden, wie schon erwähnt, viele Empfindungen und Gedanken aus Speicherungen geweckt, die im Ober- und Unterbewußtsein, aber auch in der Seele liegen. Wird unser Mischpult der Programme von uns nicht geordnet und nehmen immer mehr Energien auf unsere aktiven Programme Einfluß, dann wirken diese verstärkt auf das Nervensystem ein. Entsprechend unseren Programmierungen geraten wir dann in einen niederen Schwingungsbereich, reagieren gereizt, werden aggressiv und dann eventuell auch depressiv, oder Krankheiten treten in Erscheinung. Die unruhige Seele und der disharmonische Mensch werden sodann vom Schicksal geschüttelt und gerüttelt.

Vielfach ist das erste Symptom einer solchen Kette von Wirkungen und Auswirkungen ein unsteter, unruhiger Blick. Die Augenlider beginnen zu flackern, die Augäpfel bewegen sich hastig hin und her. Das zeigt auf, daß der ganze Mensch unruhig und vielfach auch unbeherrscht ist.

Alles ist Kommunikation. In der ganzen Unendlichkeit gibt es nichts Starres und nichts in sich Abgeschlossenes. Wie wir bereits hörten, können wir unsere Sinnesorgane nur durch Kommunikation in Aktion bringen, denn Kommunikation ist ein Energiefluß. Alle unsere Bewegungen laufen über Kommunikation: Bevor wir empfinden, denken, sprechen und handeln, laufen schon Kommunikationen. Ob wir essen oder trinken – alles, aber auch alles, ist Kommunikation. Bevor wir etwas betasten, läuft schon die Kommunikation durch unsere Sinnes-, Gefühls- und Gedankenwelt. Jeder Blickkontakt ist ein Kommunikationskontakt.

Streben unsere Blicke immer wieder zu bestimmen Menschentypen, finden wir sie angenehm und nachahmenswert, so liegt in uns eine Erinnerung aus diesem Dasein oder aus Vorexistenzen zugrunde. Es ist auch möglich, daß wir eventuell mit solchen uns wesensnahen Menschentypen in Vorleben Kontakte pflegten. Die Welt unserer Eingaben zeigt uns über unsere Gefühlswelt auf mannigfache Weise auf, was solchen Begegnungen zugrunde liegt.

Wollen wir die Ursachen für unsere angenehmen oder unangenehmen Bewegungen erforschen, so müssen wir unsere Gefühlswelt analysieren. Wir befragen das lautere oder das unlautere Gefühl, indem wir die Gefühlsreaktionen in die Welt unserer Gedanken aufsteigen lassen, um an diesen abzulesen, was unseren Bewegungen zugrunde liegt. Die Gefühlswelt ist eine feine Wahrnehmungsebene, die mehr auf die Seele und auf das Unterbewußtsein ausgerichtet ist als auf die Welt unserer Gedanken. In der Gefühlswelt können wir nachforschen und dann in der Gedankenwelt das analysieren, was wir aus tieferen Schichten unseres Daseins empfangen konnten. Wir erleben dann unsere Entsprechungen oder positive Erinnerungen, je nachdem, was uns die tieferen Schichten signalisieren.

Zieht uns der Sehsinn immer wieder zu bestimmten Menschen, die wir begehrenswert finden, so haben wir unter Umständen ein karmisches Band in Bewegung gebracht, das uns mitteilt, was bei uns zugrunde liegt. Das karmische Band, das wir über unseren Sehsinn in Bewegung setzten, ist das Kommunikationsband, über das die Impulse fließen und sich in Gefühlen oder Gedanken mitteilen. Begehren wir einen Menschen, dann setzen wir sogleich den Gehör- und Tastsinn in Aktion. Wir forschen nach, wo der Mensch lebt, wie er lebt und wie es mit ihm bestellt ist. Wir kommen also in Bewegung. Wir hören und suchen.

Über den Geruchs- und Geschmackssinn werden jene Menschen gesteuert, die völlern oder gern über das Maß hinaus trinken. Auch in diesem Fall ist wiederum der Sehsinn dominierend, der die Menge des Konsums bestimmt.

Alles will uns etwas sagen, denn alles teilt sich uns über Kommunikation mit. Es ist kein Zufall, auf welchen Gegenstand oder auf welchen Teil eines Gegenstandes unser Blick fällt. Es ist auch kein Zufall, daß unser Blick auf einer bestimmten Farbe oder einer bestimmten Form länger ruht. Es ist kein Zufall, daß dann, wenn unser Blick auf Menschen fällt, er sich einen bestimmten Körperteil aussucht. Wir müssen uns selbst die Frage stellen: Wohin zieht unser Blick? Was will uns unser Sehsinn mitteilen? Was ist die Ursache?

Jede Begegnung ist eine Zusammenführung und will uns etwas sagen. Über die ehrliche Betrachtung unserer Gefühls- und Gedankenwelt können wir mit der Hilfe des Christus Gottes Bindungen lösen

Solange wir unsere Gefühle und Gedanken unkontrolliert durch unser Gehirn jagen lassen, werden wir mit der Zeit von diesen selbst gejagt werden. Wir werden zügellos, leidenschaftlich und triebhaft. Wir leben unbeherrscht in den Tag hinein und nehmen uns das, was sich uns gerade bietet. Auf diese Weise schaffen wir jeden Tag unzählige Ursachen, die früher oder später ihre Wirkungen haben. So geraten wir immer tiefer in das Dickicht unserer sündhaften Programme, in die Enge unserer karmischen Zwangsjacke.

Wer sich zum Positiven hin verändern möchte, der beginne bei sich selbst. Während des Tages wird er immer wieder innehalten, um in den Situationen, die sein Gemüt zum Aufwallen bringen, seine Gefühls- und Gedankenwelt zu kontrollieren. Auf diese Weise geht er auf seine Kommunikationsfelder, seine Programmwelt ein, um herauszufinden, was zugrunde liegt. Nur dadurch lernt der Mensch sich selbst kennen und somit seine Entsprechungen, die sein persönliches Gesetz, sein Fluidum, sind.

Täglich werden wir über Situationen, über Menschen, über die verschiedenen Augenkontakte und auch über die Natur auf unser Innenleben aufmerksam gemacht. Unkontrollierte und unausgewogene Menschen sagen vielfach: »Ich kenne mich.« Doch wer kennt sich schon? Nur der, der sich jahrelang – und das Tag für Tag – selbst erforscht und mit der Hilfe des Christus Gottes die Fallstricke löst, die Sünden, die er geschaffen hat. Wer diesen Weg nicht geht, der kennt sich nicht, denn er weiß nicht um sein Personengesetz, seine Entsprechungsprogramme, und er weiß auch nicht, wie viele Menschen er schon beeinflußt, also programmiert hat, indem er ihnen seinen Willen einsuggerierte.

Jede Zusammenführung durch unser Kommunikationsnetz will uns etwas sagen. Gestern begegneten wir unserem Freund, heute begegnen wir ihm wieder. Zwischen gestern und heute können Welten von Programmen liegen, Prozesse, die in dem einen wie auch in dem anderen abgelaufen sind. Gestern dachten wir eventuell über unseren Freund ganz anders als heute; bei seinem Anblick kommen uns nun ganz andere Gedanken, ganz andere Vorfälle in den Sinn. Warum? Weil wir durch Aspekte aus unseren Programmen miteinander verbunden oder aneinander gebunden sind, von denen gestern diese, heute jene aktiv waren bzw. sind.

Jeder Mensch ist nicht nur von seinem geistigen Ursprung her ein kosmisches Wesen des Lichtes; er ist auch ein kosmischer Mensch, weil er durch seine negativen Eingaben auch mit dem Kosmos – dem Kosmos der Fallbereiche – verbunden ist.

Wie die Kosmen ist auch jeder Mensch ständig in Bewegung. Die kosmische Einstrahlung war gestern anders als heute. Entsprechend dieser Einflußnahme wurden gestern andere Teile unserer Programmwelt aktiv als heute. Die Masse der Menschen geht über Begegnungen mit solcher unterschiedlichen Gefühls- und Gedankenwelt hinweg, ohne zu fragen, was ihnen das Gestern und das Heute sagen wollten.

Wollen wir auf den Grund der aktiven Programme kommen, die sich gestern und heute bemerkbar machten, dann sollten wir die unterschiedlichen Gefühle und Gedanken von gestern und heute betrachten und analysieren. Dabei müssen wir wieder beachten: Der Gedanke ist nur die Schale; der Inhalt ist das, was dem Gedanken zugrunde liegt, das, was gleichsam hinter dem Gedanken abläuft, unsere Gefühle und Empfindungen. Diese sind ausschlaggebend, denn, anders als unsere Gedanken, sind sie nicht ohne weiteres beeinflußbar. Voraussetzung ist, daß wir zu uns ehrlich sind. Wollen wir uns selbst auf den Grund gehen, dann müssen wir zuerst unsere Gefühlswelt analysieren. Sie schlüsselt Aspekte dessen auf, was bisher in unserer Gefühlswelt begraben war, wo die Ursachen für unsere ungestillten Wünsche, Leidenschaften, niederen Neigungen oder für Minderwertigkeitskomplexe liegen. Was wir bei uns selbst erkennen, das sollten wir mit der inneren Kraft, dem Inneren Licht des Christus, bereinigen und nicht mehr tun.

Sind die Aufwallungen unseres Gemüts nur noch gering und ergibt unsere Analyse nur Spuren von Neid und Abwertung unseres Nächsten, so könnte vielfach schon ein verbindliches Wort oder ein freundlicher Gruß das lösen, was in uns kurzzeitig zur Erregung kam. Eine große Hilfe ist, daß wir uns im Gebet mit

Christus verbinden und Ihn um Beistand und Hilfe bitten, damit wir uns von den belastenden Gefühlen befreien können.

Eine andere Situation wiederum kann schon ein größeres Zusammenspiel von Ursache und Wirkung aufzeigen. Zwei Menschen begegnen sich. Dem einen gefällt der andere nicht. Er spricht ihn heftig an und macht ihm bezüglich einer ungelösten Situation Vorwürfe. Der andere reagiert ähnlich. Daraufhin kommt es zu einem Wortgefecht. Beide geben sich gegenseitig die Schuld. Was will das beiden sagen? Nicht die Worte, mit denen beide sich bekämpfen, sind ausschlaggebend für die Analyse ihrer Entsprechungen, sondern das, was hinter den Worten steht, die Gefühle und Gedanken; sie sagen aus, was beim einzelnen zugrunde liegt, was also im Entsprechungsgesetz aktiv ist.

Der Sinn einer Zusammenführung besteht oftmals darin, beiden eine Möglichkeit zu bieten, das auszuräumen, was sie aneinander bindet. Wer sich selbst erforscht, um sich in seinen Entsprechungen zu erkennen, der wird aus seinem Gespräch und seinem Verhalten die Schlüsse ziehen, um dann den Weg der Bereinigung zu gehen. Wer jedoch weiter den Nächsten anklagt, der vergrößert seine Entsprechungen im Gesetz von Saat und Ernte.

Werden also Entsprechungen angeregt, dann wird ein Magnetismus freigesetzt: Gleiches zieht zu Gleichem. Der eine begegnet dem anderen, damit beide das bereinigen oder abtragen, was sie aneinander bindet. Mag die Schuld im Einzelfall auch ungleich verteilt sein – Grund zu bereinigen haben meist beide, da Schuld selten einseitig ist. Auch das »unschuldige« Opfer denkt und fühlt, und seine Reaktion, seine Gedanken und Gefühle werden kaum nur sanft und schicksalsergeben sein.

Unser Karma begegnet uns in mancherlei Gewand – durch Menschen, Situationen, Probleme, Schwierigkeiten oder gar durch eine Krankheit. Das Karma – unsere eigene Entsprechung, ein Aspekt unserer Seelenschuld – pflanzt sich vor uns auf, um uns mitzuteilen, daß es nun aktiv ist. Unsere Entsprechung spricht uns sinngemäß an: »An mir hast du dich gerieben. Jetzt bereinige deinen Anteil.« Auch durch die Krankheit macht ein Aspekt unseres Karmas, unseres persönlichen Ichheitsgesetzes, nachdrücklich auf sich aufmerksam und spricht uns an. Die Krankheit wirkt auf unsere Gefühls- und Gedankenwelt ein und möchte, daß das bereinigt wird, was sie trägt: Teile unserer Seelenschuld, unserer Ursachen, die zur Wirkung kamen.

Leid, Schicksal, Krankheit, Not und Menschen, die uns begegnen, sprechen gleichsam zu uns; sie rufen uns an. Bewußt oder unbewußt teilen sie sich über unsere Entsprechungen mit, damit wir unseren Anteil analysieren, bereinigen und nicht mehr tun. Das ist der Weg der Selbsterkenntnis und der Bereinigung unseres Sündhaften, unserer Entsprechungen, um eine durchlichtete Seele zu erlangen und zu einem gesunden, aufrechten Menschen mit gutem Charakter zu werden. Wer seine Sünden nicht erkennt und auch nicht mit der Christuskraft bereinigt, der wird über seine Eingaben in das Gesetz von Saat und Ernte zu seinem eigenen Richter.

Wer in allem Unangenehmen, in der Erregung, im Ärger, in Leid, Not, Krankheit und dergleichen seine eigene Entsprechung sucht, der wird sie auch finden. So er diese bereinigt und nicht mehr tut, wird er der Selbsttäuschung und der Täuschung über andere nicht mehr erliegen. Auf den Sehsinn bezogen, heißt es: Sieh hin, und du siehst dich selbst. Auf den Gehörsinn bezogen, heißt es: Höre hin, und du hörst dich selbst. Auch der Gehörsinn steht mit allen anderen Sinnen in Kommunikation. Keines der fünf Sinnesorgane wirkt und arbeitet für sich allein. Alle Sinne stehen miteinander im Verbund; jeder ist mehr oder weniger vom anderen abhängig.

Über das Nervensystem übermitteln die fünf Sinne ihre Bild-, Gehör-, Geruchs-, Geschmacks- und Tastbotschaften dem Körper, der daraufhin entsprechend reagiert. Der Sehsinn dominiert über die vier weiteren Sinnesorgane, denn er ist der Steuer- und Leitsinn und ein Hauptfaktor in der Einflußnahme auf das Nervensystem. Ist die Wahrnehmung über das Auge durch Blindheit ausgeschaltet, dann übernehmen der Gehör- und der Tastsinn die Hauptfunktion. Immer dann, wenn ein Sinnesorgan in der Wahrnehmung beeinträchtigt oder ausgeschaltet ist, wird ein anderes Sinnesorgan verstärkt aktiv, um den Mangel auszugleichen.

Ist ein Sinnesorgan geschwächt oder untauglich, so sollte sich der Betroffene befragen, welches Fehlverhalten dafür der Grund ist. Das Maß, um den Anteil an seinen eigenen Körpermängeln zu finden, liegt in seinem Fühlen, Denken und Sprechen, in seinem ganzen Verhalten. Deshalb lehrte Jesus von Nazareth, vor allem anderen den Balken, gleich die Entsprechungen, im eigenen Auge, in unserem sündhaften Erbe, zu ergründen und zu entfernen.

Charakter und Charakterlosigkeit; positive und negative Veränderung unseres Charakterbildes. Die Vernetzung der Programme des einzelnen ergibt seine Lebenswelt

Alle Merkmale des Verhaltens in unserem Fühlen, Denken, Sprechen und Handeln, in unseren Leidenschaften und Wünschen können wir mit einem Wort erfassen, mit »Charakter«.

Wer einen guten Charakter hat, der ist auch zuverlässig – man kann sich auf ihn verlassen; er steht zu seinem Wort, dann, wenn er es den Zehn Geboten und der Bergpredigt gegenübergestellt hat und es diesen entspricht. Der Charakterlose ist seinen Charakter losgeworden, er ist unzuverlässig; man kann ihm nicht vertrauen und ihm auch nichts anvertrauen. Er ist wie die Fahne, die sich nach dem Wind dreht. Der Charakterlose richtet sich nach den Meinungen und Anschauungen der Menschen. Er hat kein Wertmaß. Deshalb übernimmt er ungeprüft, was andere sagen. Er bläst gleichsam in ihr Horn, um seinen Vorteil zu haben oder um seine Ziele zu erreichen.

Vom ersten Tag unserer Geburt an prägen sich allmählich die fünf Sinne aus. Nach kurzer Zeit beginnt bereits die Wahrnehmung über die Sinne und der Aufbau der Lebens- und Verhaltensprogramme. Die Werkzeuge der Sinne bauen sich im jungen Menschen allmählich auf; es sind das Fühlen, Empfinden, Denken, Sprechen und Handeln. Diese Werkzeuge führen vielfach aus, was die Sinne übermitteln. Als Gesamtbild betrachtet, entstehen so die Charakteranlagen, die sich im Laufe unseres Erdendaseins verändern – zum einwandfreien Charakter, zum mittelmäßigen Charakter oder zur Charakterlosigkeit, je nachdem, was unsere Seele an Licht und Schatten mit in diese Welt brachte und wie sich der Mensch weiter verhält. Auf diese Weise schaffen wir entweder weitere lichte Seiten in unserem Leben – wenn wir schrittweise Gottes Gesetze halten –, oder wir schaffen uns weitere Ursachen, weil wir uns immer wieder in gleichen Gedankengängen bewegen und Gleiches sprechen und tun.

Sowohl im Positiven als auch im Negativen gibt es nichts Statisches. Unsere fünf Sinne wirken auf unsere Gefühlswelt, auf unser Denken, Sprechen und Handeln ein; die Gefühlswelt und unser Denken, Sprechen und Handeln beeinflussen wiederum die Sinne. Ist diese Kommunikationsvernetzung negativ, also sündhaft, dann sollten wir sie durchbrechen. Wir sollten die Tagesenergie nutzen, um mit der Hilfe des Christus Gottes die Bindungen, die Knoten und Fäden des Netzwerks, aufzulösen, gleich umzuwandeln. Gleichzeitig sollten wir die Gottes- und Nächstenkommunikation aufbauen, die nach und nach unser Charakterbild positiv verändert: Wir erlangen einen guten Charakter und in der Folge auch eine entsprechende Körperprägung.

Werden unsere Negativprogramme in positive Kräfte umgewandelt, dann schwingen unsere Körper- und Gehirnzellen höher, weil wir sie mit den Geboten Gottes programmiert haben. Nur auf diese Weise fließt die positive Kraft vermehrt durch unsere Seele in unseren Menschen und gestaltet uns um zu einem einwandfreien Charakter, zu einem Menschen, dem man vertrauen kann, dessen Wort gilt.

Umgekehrt ist es im Negativen. Ist das Kommunikationsnetzwerk sündhaft, also negativ – wir erfahren es selbst, wenn wir unser Denken, Sprechen und Handeln kontrollieren –, dann können wir es ebenfalls ausbauen. Dies geschieht, wenn wir weiter sündigen, indem wir weitere sündhafte Programme, weitere Entsprechungen, aufbauen oder unser Kommunikationsnetz durch das verstärken, was uns schon entspricht, durch unser abwertendes und aufwertendes Verhalten, das sich im Denken, Sprechen und Handeln offenbart. Schaffen wir also weitere Ursachen, vergrößern wir das Negativkommunikationsnetz, dann werden sich unsere Leidenschaften, unser Haß, unser Neid, die Feindseligkeit und ähnliches vermehren. Das weitere, also das, was wir aus dem schon Vorhandenen an Negativwirkungen geschaffen haben, wirkt wieder auf unsere Sinneswelt ein, die wiederum entsprechend reagiert. Diese Verkettung von Ursachen und Wirkungen ist dann unser Programmablauf.

Der Computer Mensch steht über seine Eingaben, die auch in der Seele enthalten sind, mit den Gestirnen in Verbindung, die seine Programminhalte aufgenommen haben. Die Vernetzung des ganzen Geschehens ergibt die Lebenswelt des einzelnen – sein »Spinnennetz«, seine Plasmawelt. Womit er sich selbst programmiert, gleich gespeichert hat, mit dem steht er in Kommunikation, das ist sein Bewußtseinsstand. Darüber hinaus gibt es für ihn keine Wahrnehmung, außer er verändert sein Bewußtsein.

Durch Programme der Neugierde: Streß, Dissonanzen im Nervensystem und Aufbau weiterer Entsprechungen. Allem Geschehen liegt eine Wechselwirkung zugrunde: Gleiche Schwingungen treffen zusammen und lösen Wirkungen aus

Wer in seinem Egoplasma lebt, der wird immer wieder erleben, daß seine ungezügelten Sinne die Triebfeder für so manches unüberlegte Wort und so manche unbedachte Handlungsweise sind. Einige Beispiele aus dem Alltag zur Selbsterkenntnis und zur Selbstanalyse:

Unsere Programmwelt der Neugierde kann für uns zu einer großen Plage werden, wenn Sinnesimpulse, die mit unseren Entsprechungen gekoppelt sind, an unser Ohr, also an unseren Gehörsinn, klingen. Das Nervensystem, das von unserer Programmwelt geprägt ist, kommt durch diese Entsprechungsimpulse in

Vibration. Der Mensch beginnt, neugierig zu horchen, um zu erfahren, was der andere zu seinem Nachbarn oder Arbeitskollegen spricht.

Die Neugierde kann zu einer solch starken Triebkraft werden, daß der Betroffene geradezu getrieben wird, alles zu registrieren, was um ihn herum vorgeht. Spricht z.B. der Kollege mit einer Kollegin, so treibt der verpolte Gehörsinn den Neugierigen an Ort und Stelle, um zu erlauschen, was gesprochen wird. Um die Details aus dem Gespräch zu erfahren, mischt er sich sogar in das Gespräch ein. Verläuft das Gespräch der anderen entgegen seinen Vorstellungen, dann kann er sehr schnell nervös werden. Der Gehörsinn überträgt die Nervosität, die Resonanzen auf den Tastsinn. Dann beginnt der Mensch gleichsam mit den Bewegungsabläufen seines Körpers zu sprechen. Durch die äußeren Entsprechungsimpulse angeregt, kommen im Neugierigen auch die Entsprechungen in den Seelenhüllen verstärkt zum Schwingen. Was in diesen gespeichert ist, das den äußeren Entsprechungsimpulsen entspricht, wird dann vom Betroffenen ausgesprochen. Das heißt, der Neugierige spricht sich selbst.

Durch das Aufwallen der Entsprechungen, die Dissonanzen im Nervensystem hervorrufen und sich in den verschiedensten Gesten und Verhaltensweisen ausdrücken, gibt der Mensch viel Lebensenergie ab. Aufgrund seiner aufbauschenden Sichtweise, seiner überzogenen Reaktionen und seiner Darstellungshysterie kommt er in eine Streßsituation, in Dissonanzen, die in ihm weitere Entsprechungen anregen, so daß er als Folge seines neugierigen Verhaltens weitere Ursachen schafft.

Wer solches zuläßt, also diesen Zustand weiter fördert, statt seinen Gehörtrieb zu analysieren, um auf die Wurzel des Übels zu kommen und diese dann zu bereinigen, der sammelt Negativenergien, also Sündhaftes, die irgendwann über ihn hereinbrechen und ein Schicksal oder eine Krankheit auslösen können.

In unserer hektischen Zeit gibt es viele Krankheiten. Man hört auch von den verschiedensten Krankheitserregern, die in immer größerem Umfang auf den Menschen Einfluß nehmen. Ein Krankheitserreger kann nur dann in uns aktiv werden, wenn wir ihm das entsprechende Milieu bieten. Wir selbst sind es, die ihm – durch unser Fühlen, Denken und Tun, durch unser Verhalten – in unserem Körper das Milieu schaffen, das ihm entspricht und ihn einlädt, sich in uns anzusiedeln.

Je mehr wir z.B. in Streß gelangen, um so geringer werden mit der Zeit die Abwehrkräfte des Körpers, so daß sich der entsprechende Erreger in unserem physischen Leib wohlfühlen kann. Streß entsteht immer durch falsches Verhalten. Wir sind oftmals undiszipliniert und nicht auf das, was jetzt zur Erledigung ansteht, bezogen. Unsere Sinne und Gedanken sind häufig da und dort und nicht in der Situation, nicht bei dem, was wir augenblicklich ausführen. Oft bagatellisieren wir diesen Zustand, indem wir sagen: »Ich bin eben nervös.« Oder: »Ich kann mich halt schlecht konzentrieren.« Selten fragen wir uns, welche Gefühle und Gedanken – welche Entsprechungen – es sind, die uns an der Konzentration hindern.

Durch neugieriges Verhalten werden wir z.B. in Gespräche und Situationen verwickelt, denen wir in Gedanken nachhängen. Aus dieser gedanklichen Abwesenheit resultieren Störungen unseres Arbeitsablaufs, weil wir nicht bei der Sache sind. Die Folge können Fehler oder Unterlassungen sein, die uns in Schwierigkeiten und in Zeitnot bringen, was zu weiterem Streß führen kann.

Wer sich in dieses Buch eingelesen hat, könnte nun folgenden Einwand bringen: »Wenn das so ist, dann würde jeder falsche Ablauf einzig an mir liegen. Es wäre immer ausschließlich meine Schuld, auch wenn andere an dieser Situation oder Angelegenheit mitbeteiligt sind.« – Erinnern wir uns an das, was Jesus von Nazareth sagte: »Ziehe zuerst den Balken aus deinem eigenen Auge ...« Das heißt, wir sollen zuerst unseren Anteil, unsere Schuld, unseren »Balken«, ergründen, bevor wir unserem Nächsten, z.B. unserem Mitarbeiter, die Schuld zuweisen.

Unser Anteil ist unser Balken, der Anteil unseres Nächsten ist dessen Balken, auch Splitter genannt.

Erst dann, wenn wir unseren Anteil, unseren Balken, erkennen, bearbeiten und beheben, werden wir auch des Anteils unseres Nächsten gewahr, der nicht immer so groß sein muß, wie es uns anfänglich dünkte. Das wäre dann »der Splitter« im Auge des Nächsten. Auf alle Fälle sollen wir erst bei uns nachsehen, bevor wir dem anderen die ganze Schuld zuweisen.

Das Gesetz der Entsprechung lautet: Worüber wir uns erregen, Gleiches oder Ähnliches liegt in uns vor. Die ganze Unendlichkeit besteht aus Senden und Empfangen, also aus Kommunikation. Liegt in uns keine Entsprechung vor, also kein Empfangspotential für Anschuldigungen, Beleidigungen, Verdächtigungen und dergleichen, dann werden wir von diesen Entsprechungserregern auch nicht berührt. Sie werden uns weder bewegen noch erregen.

Menschen, die täglich danach streben, die Tagesenergie zu nützen, um die Wurzel ihrer sündhaften Programme zu erkennen, diese dann mit der Kraft des Christus Gottes bereinigen und nicht mehr tun, werden ausgeglichene und ausgewogene Menschen, die tiefere Wahrnehmung erlangen und damit erspüren, wo andere Hilfe brauchen. Sie helfen dann auch entsprechend ihren Möglichkeiten. Das ist selbstloses Wirken, das aus der Wurzel des Göttlichen kommt und nicht aus der Entsprechung.

Wird uns bewußt, daß es in der ganzen Unendlichkeit keine Zufälle gibt, dann hat das Kleinste und Unscheinbarste, das uns bewegt, eine Bedeutung. Fällt uns z.B. ein Teller oder eine Tasse aus der Hand, so hat das seine Ursache. Unsere Sinne und Gedanken, die zur Unkonzentriertheit oder zur Nervosität Anlaß gaben, sind die Verursacher – also wir selbst.

Fällt z.B. ein Gegenstand von der Wand, so hat das ebenfalls seine Ursache. In diesem Augenblick wurden Schwingungen freigesetzt, die dies auslösten. Allem Geschehen liegt eine Wechselwirkung zugrunde: Gleiche Schwingungen treffen aufeinander und lösen entsprechende Wirkungen aus. Nicht immer kommen diese Schwingungen von außen; sie können auch aus unseren Entsprechungen fließen, aus unserer Sinnes- und Gedankenwelt.

Ein weiteres Beispiel: Wir arbeiten im Haus oder in der Wohnung. Plötzlich werden wir durch ein Geräusch, das von der Straße her kommt, abgelenkt. Findet das in uns eine entsprechende Resonanz, dann wird uns diese Entsprechung veranlassen, uns näher zu informieren. Wir halten mit unserer Arbeit inne, um nachzusehen, was draußen vor sich geht: Ein

Unbekannter führt mit einem Nachbarn ein heftiges Gespräch. Wie verhalten wir uns? Einige Worte aus diesem Wortwechsel können uns veranlassen, vor die Haustür zu treten, um uns mit einem passenden Beitrag in dieses Gespräch einzuschalten.

Über unseren Gehörsinn werden wir also nach draußen gelenkt. Mit unserer aktiven Entsprechung tragen wir nun das Unsere in diesen Streit. Da es keine Zufälle gibt, so will uns dieses Verhalten etwas sagen. Was haben wir aus dieser Kontroverse herausgehört? Warum treten wir vor die Haustür? Warum mischen wir uns in das Gespräch ein? Unsere Entsprechungen teilen sich uns durch unsere Gedanken mit. Sie sagen uns, was bei uns zugrunde liegt. Ist diese Auseinandersetzung für uns unangenehm verlaufen, haben wir uns erregt und denken wir deshalb noch länger darüber nach – jedoch auch dann, wenn wir einen »Triumph« erleben, weil unsere Vorstellungen sich bestätigt sehen –, so können wir sicher sein, daß wir durch diese weiteren Gedanken unser Entsprechungspotential vergrößert haben.

Es gibt also keine Zufälle. Alles will uns etwas sagen. Jede Erregung kommt aus den Entsprechungen in uns. Erregen wir uns über Worte, die aus den Geboten Gottes fließen, so kommt unsere Erregung einzig aus unseren Belastungen, den Entsprechungen, die getroffen sind, und nicht aus den Worten selbst, aus dem Verbindenden, das göttlich ist. Alles, was uns erregt, steht b e i u n s zur Klärung und zur Bereinigung an.

Ein weiteres Beispiel: Wir begegnen einem früheren Bekannten, an den wir jahrelang nicht mehr gedacht haben. Sowohl bei ihm als auch bei uns regen sich Entsprechungen. Heute haben die Gestirne diese Zusammenführung veranlaßt. Unser Verhalten gegenüber diesem Bekannten, unser Denken und Reden, zeigt, was bei uns zugrunde liegt. Analysieren wir unsere Reaktionen, unsere Gedanken und Worte, dann finden wir zur Wurzel unserer Entsprechungen. Diese können wir dann mit der Hilfe des Inneren Lichtes, des Christus Gottes, bereinigen, um frei zu werden von der Schuld, die uns noch an diesen Bekannten gebunden hat.

Wünsche, Begierden, Neid führen zu Trunksucht, Völlerei, sexuellen Ausschreitungen, Rauschgiftsucht, sogar zu Mord. Die Ursachen: nicht Bereinigtes, eventuell aus Vorexistenzen. Rückführung in Vorinkarnationen ist nicht gesetzmäßig

Die Welt unserer Programme ist vielschichtig und vielseitig. Wie kein Mensch dem anderen aufs Haar gleicht, dementsprechend unterschiedlich sind auch unsere Eingaben. Der eine ist neidisch, der andere begierig, der Nächste neugierig, wieder ein anderer süchtig. Die Sinnesorgane regen zur Programmierung des Computers Mensch an, und die Programme des Computers Mensch wirken wieder auf die Sinnesorgane ein.

Ist der Seh- und Gehörsinn mit Suchtwünschen, Begierden, mit Neugierde und Neid sehr belastet, dann wirken sich diese egoistischen Komponenten auf den Geruchs- und Geschmackssinn aus. Aufgrund der wechselseitigen Einflußnahme vom Seh- und Gehörsinn auf den Geruchs- und Geschmackssinn und umgekehrt kann der Betroffene den Genüssen, gleich welcher Art, kaum mehr widerstehen. Diese egoistischen Komponenten können sodann zu Trunksucht, zu Völlerei, zu sexuellen Ausschreitungen bis hin zum Genuß von

Rauschgift Anlaß geben. Die Sinnesbelastungen wirken auch entsprechend auf den Tastsinn ein, so daß der Mensch zum Sexualtäter oder gar zum Mörder werden kann. Die Anlagen für solche Ausschreitungen können aus Vorexistenzen kommen, in denen der ehemalige Mensch seine Ursachen schuf, die er bisher nicht bereinigt hat.

Wir sind auf der Erde, um unser Sündhaftes zu erkennen, zu bereinigen und nicht mehr zu tun. Was bei uns zugrunde liegt, sagen uns unsere Gefühle und Gedanken, aber auch unsere fünf Sinne, die auf unsere Gefühls-, und Gedankenwelt einwirken und uns damit zeigen, was heute, also gegenwärtig, an Negativem in uns liegt, das erkannt und bereinigt werden soll. Wir brauchen keine Rückführung in unsere Vorinkarnationen, die ein Verstoß gegen das Gebot des Vertrauens Gott gegenüber sind und auch nach den Gesetzen des ewigen Seins unzulässig sind.

Was entgeht uns denn, wenn wir nicht erfahren, was wir in Vorleben gegen Gott, gegen Ethik und Moral, gegen unseren Nächsten gesündigt, wie weit wir uns also in den Sumpf des Allzumenschlichen begeben haben? Sind wir neugierig? Wollen wir uns eventuell daran auch heute noch ergötzen?

Sind wir ausgerichtet darauf, das Alte, Sündhafte, hinter uns zu lassen, um dem neuen Menschen zuzustreben, der frei ist und auf einer höheren Bewußtseinsebene die Gesetze Gottes erfüllt, werden wir nicht danach trachten, in die Papyrusrolle unserer Vergangenheit Einblick zu erhalten.

Ein Beispiel zum besseren Verständnis.

Trifft uns ein schwerer, großer Felsbrocken, so werden wir entweder ernstlich körperlich verletzt oder gar erdrückt. Trifft uns jedoch ein Steinchen, dann fühlen wir eventuell einen augenblicklichen Schmerz, den wir jedoch bald überwinden. Ähnlich ist es mit der Rückführung in Vorexistenzen. Wird uns unter Umständen die Summe unserer früheren Vergehen bewußt, dann können wir diese nur schwer tragen; wir sind gedanklich damit ständig beschäftigt und können darüber das Steinchen nicht mehr erfassen, das uns die Tagesenergie bringt.

Ein Gebot Gottes lautet: Nutze den Tag, damit du das Steinchen aus dem Felsmassiv der Schuld aus Vorinkarnationen erkennst, dieses bereinigst und nicht mehr tust. Handeln wir nach dem Gebot »Nutze den Tag und nutze den Augenblick«, dann kann die Gnade des Allmächtigen einen großen Teil des vorhandenen Felsmassivs aus Vorexistenzen aufheben, ohne daß wir dieses abtragen müssen. Denn wer den Tag mit Gott lebt und somit den Tag nutzt, um mit Hilfe des Entsprechungsgesetzes den Teil seines Sündhaften zu erkennen und zu bereinigen, und dieses nicht mehr tut, der geht auf Gott zu. Gott in Christus wird ihm sodann mehrere Schritte entgegengehen, das heißt, durch die Gnade und Liebe zu uns, Seinem Kind, das Felsmassiv umwandeln in Licht und Kraft für die Seele. Das ist der Weg ins Vaterhaus, heraus aus dem Rad der Wiederverkörperung und der Sünde.

Was wir durch Sinneswahrnehmungen und Gedanken mit Hilfe der Tagessituationen registrieren, kann aus Vorexistenzen kommen, doch jetzt ist uns die Kraft gegeben, diese erkannten Sünden, diese Fehlhaltungen mit der Hilfe des Christus Gottes zu bereuen, zu bereinigen und nicht mehr zu tun. Wir sollen uns nicht auf das Karma berufen, indem wir resigniert die Schultern heben und sagen: »Das, was mich trifft, ist Karma und somit unabänderlich.«

Ein Christ müßte wissen, daß das Karma, eine Seelenschuld, durch die Hilfe der Erlösertat des Christus Gottes rechtzeitig erkannt und von uns bereinigt werden kann, noch bevor die Wirkung eintritt. Jesus, der Christus, wies uns den Weg der Bereinigung. Er lautet sinngemäß: Erkenne dein Sündhaftes, bereue es aus tiefstem Herzen, bitte deinen Nächsten um Vergebung, und vergib auch dem, der sich an dir versündigt hat. Kannst du noch etwas gutmachen – wenn z.B. ein körperlicher oder materieller Schaden zugrunde liegt –, dann sollst du dies tun, soweit dir dies noch möglich ist.

Die Voraussetzung ist, daß wir diese von uns erkannten Sünden nicht mehr tun und statt dessen schrittweise die Gebote erfüllen. Unser Weg heim ins Vaterhaus ist der Weg der Auflösung des Karmas mit Christus – und nicht eine Schicksalsergebenheit.

»Macht euch die Erde untertan« heißt nicht: Beutet sie aus, quält die Tiere, manipuliert die Pflanzen. Die Seele wird von ihren eigenen Speicherungen angezogen

Wir hören oder lesen immer wieder, daß wir uns an unserem Nächsten versündigen können. Wir versündigen uns jedoch auch gegenüber den Reichen der Natur.

Da wir, die kosmischen, gleich göttlich-universellen Wesen, im Erdenkleid sind und unser physischer Leib aus Materie besteht, aus Wasser und Erde, sind wir als Mensch auch ein Teil der irdischen Natur. Unser geistiger Leib gehört also dem geistigen Reich und den geistigen Naturreichen an, unser physischer Leib hingegen gehört zur Erde und zu deren Elementen Feuer, Wasser, Erde, Luft. Weil wir ein Teil der Erde sind, tragen wir auch die Verantwortung für die Erde und für alles, was auf ihr lebt.

Gott sprach sinngemäß zu den Menschen: »Macht euch die Erde untertan.« Er sprach nicht: Quält die Tiere, treibt Raubbau mit den Pflanzen und Mineralien, beutet die Erde aus, bis sie nur noch ein Kadaver ist. Er sprach auch nicht: Vergiftet die Flüsse, Seen und Meere und zerstört die Atmosphäre, welche die Erde umhüllt.

Was hat der Naturkörper Mensch mit dem Gebot Gottes »Macht euch die Erde untertan« gemacht? Er hat dieses Gebot nicht gehalten. Er wurde zum Schänder und Räuber der Natur, ein Schlächter der Tiere, deren Fleisch er schmackhaft zubereitet und genüßlich verzehrt. Er ist ein Räuber der Rohstoffe geworden und nicht zuletzt ein Tierquäler in den verschiedensten Forschungslaboratorien, wo Tiere gewissen- und erbarmungslos gequält werden.

Mit diesen und weiteren jahrtausendelangen Ausschweifungen der Sinneslüste, die wir in unseren Gefühlen, Gedanken, Worten und Handlungen vollzogen und vollziehen, nahmen und nehmen wir auch Einfluß auf unsere Gene. Wer die kosmische Gesetzmäßigkeit glaubt, daß Gleiches Gleiches anzieht, der weiß, daß davon auch die Gene nicht ausgenommen sind. Fragen wir uns: Wie kam das Erbgut in die Gene? Letztlich durch Übertragung. Irgendwann müssen die Gene das Erbgut aufgenommen haben, das wir übertrugen. Nach dem Prinzip »Gleiches zieht Gleiches an« programmieren sich unsere Gene mit unseren Charaktereigenschaften und Wesensmerkmalen, die wir dann unser Erbgut nennen.

Was die Gene tragen, das trägt auch unsere Seele. Unser sündhaftes Erbgut und auch unsere Wesensmerkmale geben wir an unsere Kinder weiter und diese an unsere Kindeskinder usw. Im Verlauf der Reinkarnationen zieht uns das von uns in Umlauf gebrachte Genmaterial wieder an. Wer oder was ist hierfür der Motor? Ist es eventuell unsere Seele, deren Speicherungen wieder i h r Sündhaftes und i h r e Wesensmerkmale suchen? Das Prinzip lautet: Die gleichen Eingaben suchen immer wieder sich selbst. Die Eingaben unserer Gene, die wir an unsere Kinder und Kindeskinder weitergeben, liegen auch in unserer Seele. Geht unsere Seele in einer anderen Zeit oder Zeitepoche wieder zur Inkarnation, dann wird sie von ihrem eigenen Genmaterial angezogen durch das Kommunikationsnetz.

Ein Beispiel: Ein Kind wird gezeugt, das die Gene des Vaters, der Mutter und die Eingaben der Seele trägt, die sich noch in den Reinigungsebenen befindet. Sind die Gene des ehemaligen Menschen im Embryo aktiv, dann kann diese Seele nach dem Prinzip Gleiches zieht zu Gleichem in ihren neuen Körper inkarnieren. Die Seele sucht also wieder das Genmaterial ihres ehemaligen menschlichen Körpers auf. Das bedeutet: Die Spinne nimmt wieder die Fäden ihres Netzes auf, welches für sie das Leben ist.

Transplantationen, Transfusionen: Übernahme von Fremdinformationen

Leben ist Bewußtsein, ist Schwingung, ist Kommunikation. Jeder Mensch ist in seiner Gesamtheit der Ausdruck seiner Informationen, die gleich Kommunikationen sind. Sie bilden den Schwingungszustand, das Bewußtsein des einzelnen. Der Schwingungs-, gleich Bewußtseinsgrad entspricht dem Bildmaterial der Seele, das alle Strukturen des physischen Leibes, vor allem aber die Erbsubstanz, die Gene in den Zellkernen jeder der vielen Billionen Zellen des Körpers, prägt.

Die Wissenschaft weiß heute: Alle Zellen stehen miteinander in Kommunikation; sie senden und empfangen, insbesondere die Zellen innerhalb eines Organes, um sich aufeinander abzustimmen und alle Informationen auszutauschen. Auch zur Zentrale des Gehirns besteht ein ständiger Informationsfluß.

Um diesen Austausch zu vollziehen, dienen Nervenimpulse, Hormone, überleitende Substanzen und Licht. Auf diese Weise erkennt der Körper sofort jede Fremdschwingung.

Was geschieht bei Transplantationen, aber auch bei Bluttransfusionen?

Ein übertragenes Organ oder auch eine Transfusion von Fremdblut beinhaltet Milliarden von fremden Zellen, die aus dem Bildmaterial der Seele des Spenders ihre Informationen haben, die wiederum ihre Kommunikationen sind, also der Bewußtseinsstand der Zellstruktur. Sie alle strahlen ihre spezifischen Informationen ab, sowohl ihre positiven als auch die negativen. Die Negativinformationen sind nichts anderes als die Belastungen, das Karma, die Negativprogramme im Körper des Menschen. So findet ein übertragenes Organ ebenso wie übertragenes Blut mit seinen körpereigenen Informationen, die dem Spender entsprechen und sich somit energetisch und frequenzmäßig vom Körper und von der Seelenschwingung des Empfängers unterscheiden, mit diesen keine Übereinstimmung.

Dadurch entsteht zwangsläufig ein Kommunikations- bzw. Informations-Chaos im Körper. Die bisher gleichschwingenden und aufeinander abgestimmten Zellen, welche sämtlich über dieselben Grundinformationen aus dem Bildmaterial der Seele verfügten, sehen sich nun einer unbekannten Flut von kaum verkraftbaren Mitteilungen ausgesetzt. Denn in das Kommunikationsnetz des einen wurden Teile des Kommunikationsnetzes des anderen eingesetzt, die natürlich nicht hineinpassen, da die Welt von Spender und Empfänger jeweils aus ganz unterschiedlichen Eingaben, Entsprechungen und Programmen aufgebaut ist. Speziell die Persönlichkeitsschwingung – »Integrität« genannt –, die im Gehirn als Programm aktiv ist, gerät aus den Fugen. Es bildet sich ein Gemenge aus Aspekten zweier Charaktere heraus, wobei sich der materiell stärkere – gleich ego-stärkere – durchzusetzen versucht.

Bei Transplantation und Transfusion ist die körperliche Situation einem Zweiergespann vergleichbar, zwei energetischen Kräften, die nicht aufeinander abgestimmt sind. Die eine Zelle bzw. der Zellverband sendet gleichsam »hott«, der andere »hü«, und der Impuls kann nicht beantwortet werden. Es entstehen Spannungen.

So ist es nicht verwunderlich, daß es nach einer Transfusion von Fremdblut regelmäßig zu einem seelischen Tiefstand kommt, weil das Bildmaterial der Seele nun übertragene Fremdinformationen aufnehmen muß, die nicht von den Programmen ihres physischen Leibes ausgehen. Der Empfänger der Fremdinformationen braucht einige Wochen, um diesen Schock zu überwinden. Da aber die Lebensdauer von Blutkörperchen – der Fremdsubstanz – nur maximal 100 Tage beträgt, ist deren Einfluß zeitlich begrenzt und endet im großen und ganzen nach Ablauf dieser Zeit. Wie es dabei jedoch der Seele des Empfängers geht, danach fragt kaum einer.

Gefährlicher sieht es bei Transplantationen aus, da hier die Abwehr immer durch Medikamente unterdrückt wird, so daß sie ihre natürliche Funktion, die der Abstoßung von fremdem Gewebe, von fremden Informationen und fremden Kommunikationen, nicht wahrnehmen kann.

Aufgrund dessen strahlt das Fremdorgan viele Monate oder gar Jahre lang seine ureigenen Programme ab und aus, gleichsam Projektionen, denen der Empfänger hilf- und machtlos ausgeliefert ist. Sie überlagern dessen Programme und stören diese. Es kommt zu Spannungen, welche die Seele des Gastkörpers zu mildern und auszugleichen bestrebt ist, indem sie allmählich einen Teil der karmischen Information des Fremdorgans und somit des Organspenders aufnimmt.

Wie die Seele unter dieser Manipulation, dieser Knechtung, leidet, ist in Worten nicht wiederzugeben. Sie lädt sich zusätzliche sündhafte Programme, zusätzliche Schuld auf, für die sie nun verantwortlich ist, und deren Wirkungen sie tragen muß. Dadurch ändert sich der Charakter des Menschen. Die Körperzellen hingegen können diese Anpassung der Seele nicht sofort nachvollziehen.

Mit den aufgenommenen Fremdprogrammen ist der Organspender, ob als Mensch oder als Seele, an die Seele und den Körper des Empfängers des transplantierten Organs gebunden. Diese Bindung, die auf übertragener Seelenschuld beruht, müssen eines Tages beide lösen. Wie, das liegt zum einen am Inhalt der Fremdinformationen und zum anderen daran, wie der Gastkörper, der Mensch, weiterhin denkt, ob er diesen Lebenseinschnitt der Fremdprogrammierung aktiv benutzt, also darauf – sich weiter belastend – aufbaut oder ob die Seele diese Fremdprogramme latent halten, das heißt im inaktiven Zustand belassen kann.

Durch die ständigen Fremdeinflüsse kommt es zu einem ununterbrochenen Mißverstehen zwischen Gehirn, Körper und Seele. Organempfänger berichten immer wieder über ein Fremdheitsgefühl, das sich auch in Bildern ausdrückt.

Wird ein Organ von einem nur »klinisch« Toten, also in Wahrheit einem Sterbenden, übertragen, dann ist es möglich, daß sich die Seele des Organspenders noch in der Nähe des Empfängerkörpers aufhält, weil dieser einen Teil ihrer Seelenkörperinformationen trägt. Über die Kommunikation Fremdorgan und Seele des Hingeschiedenen ist eine Beeinflussung des Empfängerkörpers durch die Seele des Verstorbenen möglich.

Da der Sinn unseres Erdenlebens vor allem in der Bereinigung unserer seelischen Belastungen besteht, kann diese Aufgabe nach einer

Transplantation mitunter nicht mehr oder nicht mehr ganz erfaßt werden, weil die Seelen- und Körperschwingungen nicht mehr identisch sind. Die Fremdprogramme bedeuten eine zusätzliche Belastung, die ohne eigenes Fehlverhalten entstanden ist. Die Ausweglosigkeit für die Seele des Empfängers ist entsprechend groß. Diese karmische Verknüpfung zwischen Spender und Empfänger wird im Seelenreich oder in einem weiteren irdischen Leben zum Tragen kommen.

Kaum einer der Beteiligten, ob Patient oder Arzt, wird beim heutigen Stand des Wissens eine Schuld erkennen. Der Patient ist vielfach unwissend oder entscheidungsunfähig; die Ärzte berufen sich auf die Sanktionierung ihrer Tätigkeit durch die Gesellschaft und durch die Kirchen, welche die Organspende gar als höchste Form der Nächstenliebe bezeichnen. Ob gegen besseres Wissen oder aus Unwissenheit gehandelt wird – aus geistiger Sicht bildet sich ein karmisches Netz, in dem kirchliche Obrigkeiten und alle, die Fremdübertragungen bejahen – ob sie sich über körperlich-seelische Zusammenhänge informieren oder nicht –, aneinander gebunden sind.

Deshalb ist so mancher Arzt der Ansicht, daß das natürliche Empfinden vieler Menschen, die gegen Organspenden und -empfangen eine Reserviertheit oder gar Abneigung haben, vom

Inneren, von der Seele her gerechtfertigt ist. Sie ahnen, daß eine Lebensverlängerung um jeden Preis, erkauft mit einer schlechten Qualität des weiteren Lebens und der Möglichkeit großen zukünftigen Leidens, keine Lösung sein kann.

Genmanipulation - Schachzug der Dämonen. Durch Schaffung des Homunkulus die »schöne, neue Welt«?

Gene sind die Träger der Erbanlagen; sie sind Bewußtsein, sind Leben in konzentrierter Form. Wer auf die Gene Einfluß nimmt, greift in das Leben ein und somit in die Kompetenz, in den Willen Gottes. Wer Gene verändert, ist verantwortlich für unermeßlich viel Leid.

Man sagt, die Gentechnologie sei eine der Industrien, welche die Zukunft der Menschheit sichern. Man sagt, sie werde die Nahrungsmittelproduktion und die Medizin revolutionieren, das heißt auf eine neue Basis stellen, die den veränderten Erfordernissen der Zukunft gerecht wird.

Bisher war es die Mutter Erde, die uns mit allem versorgte, was zum Erhalt unserer physischen Hülle, unseres Körpers, notwendig war. Sie schenkte und schenkt uns Nahrung, sie schenkte und schenkt uns auch die Medizin zur Gesunderhaltung und Heilung. Was die Kräfte der Natur vollzogen, soll nun durch Eingriff in die Gene bewirkt werden. Großkonzerne lassen sich ihre »Rechte auf Leben« patentieren. Wesentliche Bereiche unseres Lebens sind damit der Herrschaft der Macher der Großindustrie überantwortet und somit von diesen abhängig.

Bis in die jüngste Vergangenheit galt, daß die Gene der Menschen, ihre Keimzellen und der Embryo vor dem Zugriff der Wissenschaft, vor der Manipulation, geschützt waren. So sollte die Identität des Individuums bewahrt werden.

Es wird jedoch offenbar, daß weder das Kapital noch gewisse Wissenschaftler Halt machen, wenn etwas »machbar« ist, sofern es den Menschen als Fortschritt verkauft werden kann und den entsprechenden Profit verspricht.

Welche Versprechungen werden gemacht?:

- Die Lösung des Hungerproblems: genügend Nahrung für alle.
- Die Lösung vieler Umweltprobleme: sogenannte »Bioreaktoren« statt schmutziger Industrien.
- Die Heilung vieler Krankheiten: Man sagt, fast alle seien »genetisch bedingt«, und es bedürfe nur fehlerfreier Gene, um Heilung herzustellen.
- Die beliebige Verlängerung des Lebens: »Abnutzungs-« und »Todesgene« werden inaktiviert.

– Die Zeugung und Erzeugung von gesunden Kindern nach Wunsch und Maß.

Wer diese Aufstellung kritisch betrachtet, erkennt, daß hier die Erfüllung von Wünschen versprochen wird, die Menschen zu allen Zeiten gehegt haben, weil sie schon immer gern auf bequeme Weise den Folgen ihres Tuns und Lassens entgehen wollten. Das Gesetz von Saat und Ernte verweist nun einmal einen jeden auf die Erkenntnis seiner eigenen Schuld und auf die Notwendigkeit, diese zu bereinigen.

Aufgrund dieser Bequemlichkeit des menschlichen Egos und aufgrund der Unwissenheit über die Gesetzmäßigkeiten von »Senden und Empfangen« sowie von »Saat und Ernte« war und ist es der Genindustrie möglich, die Bevölkerung langsam, aber sicher zu überzeugen, daß die Vorteile der Genmanipulation doch weit größer seien als die Gefahren.

Welches sind die Gefahren?

In der Nahrungsmittelproduktion gibt es bereits genmanipulierte Pflanzen, welche resistent sind gegen Schädlinge, gegen Mikroorganismen oder chemische Unkrautvertilgungsmittel. Damit gedeihen die Pflanzen trotz eines negativen Umfeldes, das somit unverändert bleiben kann.

Es stellt sich die Frage, ob die neuen und künstlichen Gene in diesen Pflanzen im Menschen keine nachteilige Wirkung auslösen können. Schulmediziner behaupten dazu, der Mensch sei seit seiner Existenz fremden Genen ausgesetzt und habe sich daran gewöhnt, mit ihnen umzugehen. Schon im Darm, so sagen sie, würden die Gene verdaut, das heißt in ihre Bestandteile aufgelöst.

Andere Ärzte berichten hingegen von alarmierenden Forschungsergebnissen, wonach Gene und Genbruchstücke unverändert im Blut gefunden wurden, obwohl sie Magen und Darm passiert hatten. Stimmen aus Medizinerkreisen werden laut, die besagen: Verdächtig seien auch Befunde, wonach Fremdgene sich im Körper ihren Endlagerplatz suchen, als ob sie magnetisch angezogen würden. Schließlich, so heißt es weiter, sei in diesem Zusammenhang auch das Verhalten von »Prionen« zu bedenken, welche z.B. den Rinderwahnsinn auslösen. Diese schaffen es, sich im Gehirn anzusiedeln und dort den Genen ihre Programme aufzuzwingen, obwohl sie selbst keine Gene sind.

In der Bewertung solcher Vorgänge kommt es stets auf die Sichtweise des Betrachters an. Wer nur in den begrenzenden materialistischen Bahnen denkt, wird – so der Hinweis eines Arztes – Eiweiße wie die Prionen lediglich als Moleküle sehen, die sich rein passiv verhalten. Denken wir jedoch geistig, so ist uns bewußt, daß alles lebt, alles eine Schwingung und ein Bewußtsein hat, also auch jene Bausteine von

Zellen. Aufgrund dessen können sie sich auch aktiv und zielgerichtet verhalten.

Es gibt auch unter Wissenschaftlern schon einige, die manches erkennen und Bedenken anmelden, wenn behauptet wird, die Endprodukte genmanipulierter Pflanzen seien völlig identisch mit anderen, herkömmlich gewachsenen. Ähnliches gilt für genmanipulierte Medikamente, seien sie in Tieren, Pflanzen oder Bakterien hergestellt.

Soweit bekannt ist, beschränkt sich die direkte Manipulation an Föten und Menschen bisher auf einzelne Fälle. Findet sie jedoch statt, so ist die Integrität der Persönlichkeit zerbrochen: Seele und Körper können kaum mehr miteinander kommunizieren, weil die Seele mit ihren mitgebrachten Programmen kaum mehr Zugang zum manipulierten Körper hat. Der Mensch hat dann kaum Möglichkeit zur Evolution, zur Bereinigung seines Negativen. Sein Leben ist ohne weiteren Sinn, es ist vielfach ein Dahinvegetieren.

Wir müssen uns auch fragen: Kann ein Körper – gleichsam ein Fahrzeug – von der Seele – dem Fahrer – nicht mehr gelenkt werden, lädt dann der »leere Fahrersitz« nicht andere ein, sich hier ans Steuer zu setzen?

Es könnte aus geistiger Sicht zu den Folgen der Genmanipulation noch manches gesagt werden, doch das würde über den Rahmen dieses Buches hinausgehen. Stellen wir hier nur noch die grundsätzliche Frage:

Warum Transplantation, warum Genmanipulation?

Ist die Natur des Schöpfers unvollkommen? Ist der Schöpfer unvollkommen und der Mensch das Alpha und Omega der Schöpfung? Oder sind die Befürworter, die Hersteller und die Ausführer inkarnierte Dämonen oder sind sie von den Dämonen so gesteuert, daß sie nicht mehr wissen, daß auch sie Kinder Gottes sind, daß auch ihr inneres Wesen vom vollkommenen Geist geschaffen ist, der alles in Seinen Händen hält?

Der Mensch will nicht nur die Naturreiche in sein »Schaffungsgehirn« nehmen, sondern er sieht auch sich selbst als genialen Schöpfer und Baumeister einer neuen Welt. Ähnliche Überheblichkeiten gegenüber dem großen Schöpfergeist haben sich auch schon manche Kulturen in der Vorzeit geleistet. Dies war immer ihr Untergang.

Das gesteuerte Ego, das nicht mehr den Nächsten sieht, das sich nur selbst bestätigen will, denkt nicht darüber nach, daß die Menschheit in den zurückliegenden Jahrtausenden die Naturreiche ausgebeutet, die Tiere bis zum Exzeß gequält hat und quält. Daß die Natur uns plötzlich nicht mehr das geben kann, was wir ihr auf grausame Art und Weise entzogen haben, nämlich das gesunde Leben, wird ihr jetzt auf grausame Art und Weise »gelohnt«: Sie wird vom besessenen »Schöpfer«, dem Menschen, manipuliert.

Die »großen«, kleinkarierten Köpfe, deren Denkwelt nur aus »Ich, Ich, Ich« besteht, die keine Achtung und kein Ehrgefühl gegenüber dem Leben aus Gott haben, können nicht wissen, daß alles Information und Kommunikation ist. Auch wenn sie ihre Informationen mit vielen hochtrabenden Worten der Erkenntnis mischen und ihr Mischgut als das Nonplusultra bezeichnen, so bleibt dies doch nur eine überhebliche, nicht bewiesene Information.

Die göttliche Information, die in allem ist, Gott, das Leben, soll zum Schweigen gebracht werden, weil die Großkonzerne Leben anbieten und Leben verkaufen wollen. Die Dämonen suchen mit aller Kraft, die Erde als ihren Stützpunkt zu halten und genmanipulierte Menschen als weitere Energielieferanten zu schaffen. Es ist ihnen einerlei, ob die Manipulierten noch zu ihrem ursprünglichen Leben finden oder nicht. Wichtig für sie ist, daß jeder Mensch sein Ego stärkt und »nach unten tritt«. Dadurch baut sich die Kommunikation zu den Dämonen auf.

Vom Dämonenstaat kommen dann Infiltrationen und weitere Informationen, wie eventuell seelenlose Menschen geschaffen werden können, die nur noch als Roboter dienen, die entweder von den Dämonen gesteuert werden oder in denen diese ein- und ausgehen wie die Ratten in einem mit Unrat gefüllten Kanal.

Ob der Mensch mit der Zeit einem unförmigen Schwein oder Mastochsen ähnlich wird oder als Kuhmensch umhergeht, spielt für die Manipulatoren keine Rolle. Wichtig ist, man hält den Stützpunkt der Dämonen. Ein eingepflanztes Gen, gleich, wie es manipuliert und präpariert ist, trägt Information, es sendet. Wo es Gleiches oder Ähnliches findet, wird die Natur oder der Mensch entsprechend manipuliert, gleich programmiert. Was dabei herauskommt, ist sicher nicht das Gotteskind, sondern ein Homunkulus, einem Roboter gleich, der kein Gefühl und keine Selbstkontrolle, also kein Gewissen mehr hat, sondern nur noch Instrument und Durchlaufstation der Gegensatzkräfte ist.

Das soll der Beginn einer schönen neuen Welt sein? Wir werden erleben, was Gott will.

Der Mensch mit schwer belasteter Seele hat kein Gefühl für die leidende Kreatur. Was der Mensch den Naturreichen antut, das fällt auf ihn zurück

Viele Menschen leben in den Tag hinein. Sie machen sich kaum Gedanken, warum sie leben, warum sie Mensch sind, warum es ihnen heute gut geht und morgen schlecht. Sie machen sich auch kaum Gedanken, warum der eine Mensch gesund ist und der andere schon krank zur Welt kommt. Viele denken nicht darüber nach – ja, sie wissen vielfach nichts davon –, daß sie eine unsterbliche Seele haben, die die höchsten ethischen Werte trägt, die der Mensch wieder entwickeln sollte, so daß die Seele nach ihrem Leibestod in die reinen Welten, in die Gefilde des ewigen Seins zurückkehren kann, sich also weitere Inkarnationen erspart.

Weil die Masse der Menschen roh und grausam geworden ist, findet sie kaum Zugang zu dem, was um sie ist: Menschen, Tiere, Pflanzen und Mineralien. Dieser Rohling Mensch mit seinen niederen Eigenschaften, mit seiner Hartherzigkeit hat kaum ein Gefühl für seine Mitmenschen und schon gar nicht für das Weh und die Schmerzen ihrer Übernächsten, ihrer Tiergeschwister, die Tierwelt. Menschen mit schwer belasteten Seelen können sehr unbarmherzig sein, wenn es darum geht, ihr Ego zu fördern, um den entsprechenden Gewinn zu erlangen. Sie haben kein Auge und kein Gehör für die leidende Kreatur und auch kein Gespür für das Innenleben der Pflanzen und Mineralien.

Hingegen nimmt eine sensitive, lichte Seele im Menschen und der Mensch selbst das Leid seiner Nächsten wahr, aber auch das der geknechteten Kreatur, der Tiere. Er sieht die verängstigten Blicke der Tiere, die vielfach auf engstem Raum für den Tierkannibalen, den Menschen, gemästet werden. Der sensitive, gottzugewandte Mensch hört die angsterfüllten Schreie der Tiere, die brutal, oftmals über lange Zeit hinweg ohne Wasser und Nahrung, eingepfercht in Lastwagen und Eisenbahnwaggons, zur Schlachtbank geführt werden, um den Geruchs- und Geschmackssinn der Menschen zu befriedigen, die nur auf ihren Körper und auf ihr irdisches Wohl bedacht sind. Die lichte Seele eines Menschen fühlt auch, wie die Erde leidet, wenn sie ausgebeutet und ausgehöhlt wird, um dem nimmersatten Menschen alles an Wohlleben zu bieten, wonach er verlangt.

Der Weltzugewandte, der seine Seelen- und Körperenergien verschleudert, bedarf immer mehr an Nahrung. Ihm genügen nicht die Gaben der Natur. Er braucht die kulinarischen Genüsse, die seine Sinne zu weiteren Ausschreitungen anregen.

Wer sich vom göttlichen Kreislauf entfernt, indem er gegen die Gebote Gottes handelt, braucht immer mehr vom Brot dieser Welt. Die Erde soll immer mehr Menschen und auch immer mehr genußsüchtige Menschen ernähren. Deshalb werden die Felder mit Dünger überhäuft und mit Stoffen versehen, die letztlich dem Menschen nur schaden. Kaum ein Mensch fragt, ob die Erde noch zu geben vermag. Sie muß geben. Es wird aus ihr das Letzte herausgeholt.

Ein Beispiel: Wird eine Frau Jahr für Jahr schwanger und gebiert sie jedes Jahr ein Kind, was vollzieht sich in ihr? Ihr werden zu viele lebensnotwendige Stoffe entzogen, so daß sie unter Umständen kränklich wird. Auch die Kinder, die von einem kränklichen Körper entbunden werden, sind vielfach für Krankheiten anfälliger oder werden unter Umständen schon krank geboren.

Ähnlich geschieht es mit der Mutter Erde. Jahr für Jahr soll sie mehr Nahrung gebären, weil die Bevölkerung dieser Erde wächst und der Wohlstandsbürger ein immer größerer Völler und Egoist wird, der mehr Nahrung und Güter für sich beansprucht. Der Völler wird zum kulinarischen Bürger, der nur darauf bedacht ist, seinen Speisen die entsprechende Würze zu geben. Damit belastet er mehr und mehr seinen Geschmacks- und Geruchssinn, der dann nach noch mehr kulinarischen Genüssen drängt. Diese kulinarische Völlerei führt auch zur übertriebenen Sexualität. Dabei vergißt der unersättliche Rohling Mensch, den es zu immer üppigeren Speisen und weiteren Ausschreitungen drängt, daß er dadurch seinen Organismus überlastet und Krankheiten heraufbeschwört. Ist er dann erkrankt, sagt er jedoch nur selten: »Das sind meine Ursachen.«

Jeden Augenblick zeichnet jeder Mensch seinen Charakter und dieser den Körper durch die Eingaben, die seinen Gefühlen, Gedanken, Worten und Handlungen entspringen. Nicht immer haben wir uns in dieser Inkarnation zum Schlemmer, Völler und zum ausschweifenden Leben erzogen. Diese Eigenschaften können mitgebrachtes Seelengepäck sein. Doch der Begriff »Karma« darf für uns nicht zur Ausrede werden, um weiter dem Laster, den Leidenschaften und Trieben, zu frönen, denn wir können unsere Seelenschuld mit der Hilfe Christi rechtzeitig erkennen und bereinigen.

Mit all diesen ichsüchtigen Programmen unseres Egos schaden wir nicht nur uns selbst; stets ist die Entsprechung darauf aus, andere mit in ihren Bann zu ziehen, sich Komplizen zu schaffen. Dahinter stehen jene unsichtbaren gegensätzlichen Energien, die »der Satan der Sinne« genannt werden. Es ist das Dämonische, das von den Sünden der Menschheit lebt, das Depots von Negativkräften anlegt, um labile, schwache, genußsüchtige Menschen zu verführen, sich in weitere Ausschreitungen zu stürzen. Die Opfer werden geschickt dazu angeregt, den Bazillus ihrer Laster auf weitere zu übertragen – durch Projektion.

Diese Beispiele und Hinweise zeigen uns, was es heißt, Entsprechungen aufzubauen, mit ihnen zu arbeiten und damit auf unseren Nächsten einzuwirken. Ist dieser schwach und nimmt das an, was wir ihm aufoktroyieren, dann haben wir ihn programmiert. Das ist dann die Projektion in die Gefühlswelt unseres Nächsten, der damit arbeitet und daraufhin weitere Sünden schafft. Er verwickelt sich mehr und mehr in die Fäden unseres Netzes und spinnt weitere, eigene hinzu.

Die Verquickungen sind also vielfältig, vielschichtig und nach menschlichen Begriffen undurchschaubar. Dieses in sich verflochtene, verknotete Knäuel kann »das Dickicht des menschlichen Ichs« oder »der Dschungel des menschlichen Ichs« genannt werden.

Der Mensch, der nach der hohen geistigen Ethik strebt, veredelt seine Sinne und tritt immer mehr in Kommunikation mit dem Gottesgesetz

Was der Mensch seinem Nächsten antut, auch durch Projektion, das fällt auf ihn zurück. Was der Mensch den Naturreichen antut, das fällt ebenfalls auf ihn zurück. Was also der Mensch anderen Lebensformen antut, das tut er sich selbst an.

Jesus lehrte sinngemäß: »Was ihr dem Geringsten Meiner Brüder antut, das habt ihr Mir getan.« Die Tiergeschwister sind unsere Übernächsten. Auch sie fühlen und empfinden Schmerz und Leid. Das bedeutet für uns: Was wir den Naturreichen antun, das tun wir den ewigen Schöpfungsgesetzen, Gott, an, und das fällt auch wieder auf uns zurück.

Alles, was von uns ausgeht, Licht oder Schatten, Göttliches oder Sündhaftes – beides geht wieder in uns ein. Licht oder Schatten sind wir also selbst. Was wir senden, das empfangen wir, das sind wir dann auch, das prägt unseren Charakter und der Charakter wiederum unseren Körper. Strebt der Mensch nach der hohen geistigen Ethik, nach der Verwirklichung der Gebote Gottes und der Lehren Jesu, der Bergpredigt, dann verfeinert er seine Sinne und veredelt somit ebenso seine Gefühls-, Empfindungs- und Gedankenwelt, auch seine Worte und Handlungen. Sein Äußeres wird aufrecht und edel, seine Gesinnung gut. Er tritt immer mehr in Kommunikation mit dem göttlichen Sein, dem Gottesgesetz.

Die innere Harmonie, der Friede des Menschen, der das Göttliche in sich – und damit sich selbst – gefunden hat, zeigt sich in seiner Hülle, dem Menschen, und in dem, was ihn umgibt.

Wahre Schönheit kommt von innen; es ist die lichte Strahlung der durchgeistigten Seele. Der jugendliche, frische Körper kann hübsch sein. Ob dieser in älteren Jahren ausgewogen, edel und fein ist, ob die Schönheit von innen nach außen zu strahlen vermag, das bestimmt der Mensch jeden Tag selbst.

Weise Menschen, die ihre Entsprechungen mit der Hilfe des Christus überwunden haben, sind gereifte Menschen. Sie strahlen Souveränität, Ruhe und geistige Schönheit aus. So ist auch ihr Verhalten gegenüber ihren Mitmenschen. Sie sind tolerant, wohlwollend, aufgeschlossen für alles Gute und Schöne. Menschen mit geistigen Qualitäten haben auch feine Gesichtszüge. Ihre Gebärden sind edel und ausgewogen. Ihre Umgebung strahlt Harmonie in Farbe und Form aus. Der Blick eines gottzugewandten Menschen ist offen. Sein Gehörsinn ist nach innen gewendet, zur göttlichen Weisheit, von wo er die Impulse für sein Leben empfängt.

Der Durchschnittsmensch hingegen ist mehr auf sich, auf sein Ego, bezogen. Durch die Selbstdarstellung, welche die Programmwelt des Egos verlangt, weil sie der Zufuhr an Energie auf der niederen menschlichen Ebene bedarf, wird er intolerant und unnachgiebig. Er wird zum Verfechter seiner persönlichen Meinung. Er liebt das intellektuelle Ping-pong-Spiel der Diskussion und möchte stets das letzte Wort haben, um den Nächsten zu übertrumpfen.

Der Ego-Mensch, der in seiner Egozentrik lebt, ist der Sinnesmensch, der nach außen gekehrt, von den Geboten Gottes abgewandt, lebt und daher die Materie als die Realität, als sein Leben, ansieht. Der gottzugewandte Mensch hingegen sieht in der Materie die Vergänglichkeit. Er wird sich von dieser nicht abwenden, sie jedoch nicht als das einzige Lebensglück betrachten.

Wer sucht, wird finden. Erfahre dich in deinen Entsprechungen, und finde dich, das Selbst, als Sohn, als Tochter des Ewigen

Das nimmersatte Ego des Menschen, das in allen seinen Äußerungen gleichsam schreit »Ich, ich, ich – immer nur alles für mich«, schafft uns unsere Ego-Welt, die Welt unserer Programme, die so folgenschwer für uns sein kann. Inmitten unseres selbstgesponnenen Kommunikationsnetzes sitzen wir wie eine Spinne, auf Beute lauernd, spinnen weitere Fäden hinzu und sehen doch über den begrenzten Horizont unseres Netzwerks nicht hinaus. Wir sind – von unserem Bewußtsein her – der Nur-Mensch, in seinen Programmen befangen, Gefangener in seinem eigenen Netz, gebunden an jene, die er mit seinen Projektionsfäden einfing, »einwikkelte«, begierig nach »noch mehr« – und doch im Tiefsten rastlos und unzufrieden. Denn das Leben im Netz der Programme ist nicht das wahre Leben; es ist nicht die Freiheit, es bringt nicht den Frieden und die Erfüllung, nach denen sich doch letztlich ein jeder sehnt, da im Innersten unserer Seele der ewige Lebensfunke ist und im Seelengrund das Licht des Christus, unseres Erlösers, Wohnung genommen hat.

In jedem Menschen ist das geistige Wesen, die Seele. Sie ist nicht von dieser Welt, sondern in die Welt gekommen, um als Mensch in der Kürze der Jahre das zu bereinigen, was sie an Verfehlungen trägt. Ob als Seele oder Mensch, irgendwann wird jeder von uns – oftmals über Leid und Leiden oder über einen Schicksalsschlag – an die Grenzen seines Denkens kommen und vor die Frage gestellt sein, welchen Sinn das irdische Dasein für das Leben als Seele in den jenseitigen Welten hat. Irgendwann kommt die Stunde, in der wir uns Gedanken machen über den Tod und über das, was darüber hinaus ist. Aus Angst vor dem Unergründlichen verwerfen viele die Gedanken an den Tod. Andere wieder verfechten ihre Meinung, daß der Tod das Aus sei. Weitere fragen sich: »Was ist, wenn es nach dem Tod wirklich weitergeht?« Oder der Mensch beginnt zu forschen: »War das mein ganzes Leben?«

Wer sich solche und ähnliche Gedanken macht, dem sei angeraten, mit seinen Fragen öfter in eine Meditation, in das tiefe, stille Gebet, in sein inneres Herzenskämmerlein, zu gehen, denn in uns liegt die Antwort auf solche Grundfragen des Lebens, an denen letztlich keiner vorbeikommt. Wir werden dann wohl nicht unmittelbar vom Inneren Licht der Wahrheit Antwort empfangen, doch es gilt: »Suchet, und ihr werdet finden.« Wir können z.B. zu Büchern oder Menschen geführt werden, die unsere Fragen beantworten. Von dem Inneren Licht, dem Göttlichen in uns, können wir erst dann unmittelbar Antwort erhalten, wenn wir den Schutt der Sünde, der vor der inneren Pforte zum Allerheiligsten liegt, weitgehend weggeräumt haben.

Die Aufgabe unseres irdischen Lebens ist es, die von Gott abgewandte Seite, unseren Schutt, wegzuräumen, um wieder im Allerheiligsten, in Gott, leben zu können. Dann werden wir nicht nur von Gott reden und unsere persönliche Meinung über Gott darlegen oder das, was wir gelesen oder gehört haben, von dem wir annehmen, daß es richtig sei.

Wir brauchen nicht nur zu glauben. Jeder von uns kann zur eigenen Gotteserfahrung gelangen, dann, wenn er bereit ist, den Weg zu gehen, den uns Jesus von Nazareth vorgelebt hat, um Gott näherzukommen:

Erkenne deine Sünden, das Trennende und alles Ungöttliche. Erfahre dich selbst in deinen Entsprechungen, wenn in dir z.B. Ärger, Zorn oder Auflehnung emporbranden. Erkenne dich selbst, wenn sich deine Nerven verkrampfen und du gleichsam zum gespannten Bogen wirst – zum Bogen allzu menschlichen Wollens und Drängens –, auf dem schon der Pfeil deiner Entsprechungen liegt, der auf deinen Nächsten gerichtet ist, um das Gift deines Sündhaften in ihn einzuspritzen, es ihm gleichsam einzuprogrammieren. Denn dieses Pfeilgift könnte dazu führen, daß du an diesen deinen Nächsten über Inkarnationen hinweg gebunden bist.

Die Schritte zur Überwindung des Negativen, die hin zum Göttlichen in uns führen, heißen: Erkenne dein Sündhaftes, bereue und bereinige es, und tue die gleichen Sünden nicht mehr. Erfülle schrittweise die Gebote Gottes, auf daß du zum Leben findest, das in dir ist. Gehe also mehr und mehr im Bewußtsein der dir innewohnenden ewigen Kraft durch deine Erdentage, mehr und mehr bewußt der Bürger des Reiches Gottes.

Durch die Bereinigung unserer Sünden mit der Hilfe Christi verwandeln wir uns vom Sünder zum Seligen. Unsere Sinne werden edler und feiner und unsere Seele rein. Wir gewinnen Achtung vor unseren Mitmenschen und Achtung vor den Naturreichen. Wir beginnen, Gott, das Leben in uns, zu schätzen und werden allmählich zum Schatzsucher und Schatzheber des Göttlichen in uns. Dann werden wir erfahren, daß Gott in uns ist und wir in Gott sind, weil wir Kinder Gottes, Söhne und Töchter des Ewigen, sind.

*

Was ist das Universelle Leben?

Das Universelle Leben ist mit einem mächtigen Baum vergleichbar.

Sein Leben entstand aus einem kleinen Samenkorn, das in den Acker dieser Welt gelegt wurde: die Offenbarungen des Ewigen, des Christus Gottes, zunächst vor einem kleinen Kreis von Christusfreunden.

Das Samenkorn keimte und wurde zum Sprößling, in welchem offenbar wurde, was sein Kern barg: Gottes Licht, das Liebe und Weisheit ist.

Als das Pflänzchen heranwuchs, brachte es weiteres Licht: das Heimholungswerk Jesu Christi mit den ersten Weisungen des Christus Gottes für ein göttliches Leben der Menschen.

Dieses Lehr- und Aufklärungswerk, das vor 15 Jahren durch den Christus Gottes ins Leben gerufen wurde, wuchs rasch zur kräftigen Pflanze heran, zu einem kleinen Bäumchen, verwurzelt in Gottes Liebe und Weisheit: Uns Menschen wurden alle Grundweisheiten des Lebens gegeben, damit wir den Weg ins Gottesleben finden können, das die Früchte hervorbringt.

Immer mehr Menschen tranken aus der Quelle der göttlichen Offenbarungen, und das Bäumchen wurde zum Baum des Lebens. Menschen sammelten sich, um den Willen Gottes zu erfüllen. So erwuchs aus dem kleinen Körnchen, welches das Leben, Gott, in sich trug, der große Lebensbaum, der sich Universelles Leben nennt, was besagt: Leben im Geiste Gottes, Leben nicht nur für den einzelnen, sondern für alle, die guten Willens sind.

Die Wurzel des Werkes Gottes, Christus in Seiner göttlichen Offenbarung seit nunmehr 20 Jahren, erreicht viele Millionen von Menschen. So erfüllt sich, was Jesus den Seinen gebot: das Evangelium der Liebe hinaus in alle Welt zu tragen. Er, Jesus, sprach vor 2000 Jahren sinngemäß: »Wenn der Geist der Wahrheit kommt, wird Er euch in alle Wahrheit führen.« Er ist jetzt in unserer Zeit des Umbruchs gekommen und führt uns in alle Wahrheit, so weit wir sie mit unseren Worten verstehen und mit unserem Bewußtsein aufzunehmen vermögen.

In der mächtigen Krone des Baumes Universelles Leben reifen nun die Früchte der Tat. Sie sind Gottes Werke durch jene, die, angezogen von der großen Lichtkraft Christi, zu denen fanden und finden, die gemeinsam das Werk des Lebens aufbauen. Es ist ein Völkchen, ein werdendes Volk in Christus für Christus, für eine neue Welt im Zeichen der Liebe und Weisheit und des Friedens, gerechte Männer und Frauen, die tagtäglich mehr in Seinem Geiste leben. Es sind jene, die jeden Augenblick zu dem großen Geist der Einheit, des Friedens und der Liebe ja sagten und ja sagen, so daß das Werk des Herrn in wenigen Jahren weltweit wurde. Es sind jene, die sich gerufen fühlen, Gottes Liebe und Weisheit in der Gemeinschaft in die Tat umzusetzen. Sie sind tätig für die höheren Werte des Lebens, für das Reich des Friedens, das Reich Gottes auf dieser Erde, das schon Jesaia angekündigt hat und das alle Christen im Vaterunser herbeibeten.

Der Innere Weg
»Näher, mein Gott, zu Dir«

»Folget Mir nach« sprach Jesus von Nazareth. Eine klare Aufforderung, die gleichzeitig die Frage aufwirft: Wie können wir das heute, im 20. Jahrhundert, in die Praxis umsetzen? Der Christus-Gottes-Geist lehrt im Universellen Leben den Inneren Weg, damit wir Menschen zu einem positiven, sinnerfüllten Leben in Gott finden können. Wir lernen uns selbst kennen, die positiven Eigenschaften, aber auch die menschlichen Schwächen. Wir entfalten Selbständigkeit, Geradlinigkeit und Verständnis für unseren Nächsten und überwinden schrittweise Frustrationen, Aggressionen, Ängste und deren Ursachen – wir werden praktisch unser eigener Psychologe. Vor allem erfahren wir, daß wir niemals allein sind, sondern daß Gott uns nahe ist und uns jederzeit beisteht. Mehr und mehr gelingt es uns, mit Ihm die Situationen unseres Lebens besser zu meistern. Der Innere Weg führt durch die konsequente Arbeit an uns selbst durch Bemeisterung unserer Fehler und Schwächen mit der Kraft des Christus Gottes in ein Leben der Gottes- und Nächstenliebe, in die Einheit mit Gott.

Der Innere Weg kann als intensiver Kurs in der Gemeinschaft von Kursteilnehmern oder im Alleingang anhand des Buches »Der Innere Weg« beschritten werden. Ausführliche Informationen über den Weg zu Gott im eigenen Inneren erhalten Sie bei:

Universelles Leben, Haugerring 7, 97070 Würzburg
Tel. 0931/3903-0, Telefax 0931/3903-233

Weitere Bücher aus der Reihe Universelles Leben

Das ist Mein Wort
A *und* Ω
Das Evangelium Jesu
Die Christus-Offenbarung,
welche die Welt nicht kennt
1114 S., geb., Best.-Nr. S 007, DM/SFr 35,-

SEIN AUGE
Die Buchhaltung Gottes
Der Mikrokosmos im Makrokosmos
212 S., geb., Best.-Nr. S 318, DM/SFr 27,-, ÖS 215,-

GENMANIPULATION
Der gefühllose, willenlose, steuerbare Mensch
160 S., kart., Best.-Nr. S 502, DM/SFr 18,-, ÖS 140,-

Dein Leben im Diesseits
ist Dein Leben im Jenseits
136 S., kart., Best.-Nr. S 316, DM/SFr 20,-, ÖS 160,-

Lebe den Augenblick -
und Du siehst und erkennst Dich
88 S., kart., Best.-Nr. S 315, DM/SFr 14,80, ÖS 115,-

Du bist nicht verlassen
Gott ist Dir nahe in Wort und Tat
112 S., geb., 21 Farbfotos, Best.-Nr. S 115,
DM/SFr 29,80, ÖS 232,-

Die großen kosmischen Lehren
des JESUS von Nazareth
an Seine Apostel und Jünger,
die es fassen konnten.
Das Leben der wahren gotterfüllten Menschen
296 S., geb., Best.-Nr. S 134, DM/SFr 35,-, ÖS 273,-

mit Erläuterungen von Gabriele
Band 1, geb., 256 S., Best.-Nr. S 317, DM/SFr 35,-, ÖS 273,-
Band 2, geb., 270 S., Best.-Nr. S 319, DM/SFr 35,-, ÖS 273,-
Band 3, geb., 256 S., Best.-Nr. S 320, DM/SFr 35,-, ÖS 273,-
Band 4, geb., 264 S., Best.-Nr. S 321, DM/SFr 35,-, ÖS 273,-

Gerne übersenden wir Ihnen ein kostenloses
Gesamtverzeichnis aller Bücher, Cassetten und Videos
im Universellen Leben.

Verlag DAS WORT GmbH
im Universellen Leben
Max-Braun-Straße 2, 97828 Marktheidenfeld
Tel. 09391/504-135, Fax 09391/504-133